Dieser Band enthält – links französisch, rechts deutsch – sieben Erzählungen aus der klassischen Literatur Frankreichs, das heißt: aus der Zeit bis zur Revolution. Der erste Text ist eine der «Cent Nouvelles Nouvelles» aus dem 15. Jahrhundert, dann folgen Texte von Marguerite de Navarre (1492–1549), Paul Scarron (1610–1660), Madame de La Fayette (1634–1693), Pierre de Marivaux (1688–1763), Voltaire (1694–1778) und Denis Diderot (1713–1784).

dtv zweisprachig · Edition Langewiesche-Brandt

Choix de Nouvelles Classiques

Klassische französische Erzählungen

Auswahl, Übersetzung und Anmerkungen
von Ulrich Friedrich Müller

Deutscher Taschenbuch Verlag

Deutscher Taschenbuch Verlag GmbH & Co. KG, München
29.–31. Tausend April 1982
© 1964 Langewiesche-Brandt, Ebenhausen bei München
Umschlaggestaltung: Celestino Piatti
Gesamtherstellung: Kösel, Kempten
Printed in Germany · ISBN 3-423-09045-6

La Septante-Cinquième des Cent Nouvelles Nouvelles   6 · 7
Die Fünfundsiebzigste der Hundert Neuen Novellen

Marguerite de Navarre   14 · 15
La Sixième Nouvelle de l'Heptaméron
Die sechste Novelle aus dem Heptamerone

Paul Scarron   18 · 19
Histoire des Deux Jalouses
Die Geschichte von den zwei eifersüchtigen Frauen

Madame de La Fayette   32 · 33
La Comtesse de Tende · Die Gräfin von Tenda

Pierre de Marivaux   68 · 69
L'Expérience du Spectateur Français
Ein Erlebnis des «Spectateur Français»

Voltaire   72 · 73
Jeannot et Colin · Jeannot und Colin

Denis Diderot   96 · 97
Les Deux Amis de Bourbonne
Die zwei Freunde von Bourbonne

La Septante-Cinquième des Cent Nouvelles Nouvelles

Au temps de la guerre des deux partis, les uns nommés
Bourguignons, les autres Armagnacs, advint à Troyes,
en Champagne, une assez gracieuse aventure, qui très
bien vaut la raconter et mettre en conte, qui fut telle.
Ceux de Troyes, pour lors que par avant ils eussent été
Bourguignons, s'étaient tournés Armagnacs, et entre
eux avait conservé [s'était trouvé] un compagnon à
demi fou, non pas qu'il eût perdu l'entière connaissance
de raison, mais à la vérité, il tenait plus du côté de
dame folie que de raison, quoique aucunes fois il exé-
cutât, et de la main et de la bouche, plusieurs besognes
que plus sage de lui n'eût su achever. Pour venir donc
au propos encommencé, le galant susdit étant en garnison avec les Bourguignons à Sainte-Menehould, mit une
journée en termes avec ses compagnons, et dit que s'ils
le voulaient croire, il leur baillerait bonne doctrine
pour attraper un grand ost [une grande troupe] des
lodiers [fainéants] de Troyes, lesquels, à la vérité, il
haïssait mortellement, et ils ne l'aimaient guère, mais
le menaçaient toujours de pendre s'ils le pouvaient
tenir. Voici ce qu'il dit: «Je m'en irai vers Troyes et
m'approcherai des faubourgs, et ferai semblant d'épier
la ville, et de tenter de ma lance les fossés, et si près de
la ville m'approcherai que je serai pris. Je suis sûr que
sitôt que le bon bailli me tiendra, il me condamnera à
pendre, et nul de la ville ne s'y opposera pour moi, car
ils me haïssent très tous. Ainsi serai-je bien matin mené

Die Fünfundsiebzigste der Hundert Neuen Novellen

Zur Zeit des Krieges der zwei Parteien, von denen die einen
Bourguignons, die anderen Armagnacs genannt wurden, fiel
zu Troyes in der Champagne ein recht anmutiger Streich vor,
den zu erzählen und niederzuschreiben sich wohl lohnt, und
zwar war das so: Die zu Troyes, ob sie zwar zuvor Bourguignons gewesen, waren Armagnacs geworden; unter ihnen
lebte ein halb närrischer Geselle, der, wenn er gleich den völli-
gen Gebrauch seiner Vernunft nicht verloren hatte, doch in
Wahrheit eher von der Dame Narretei als von der Vernunft
begabt war, obschon er zuweilen sowohl mit der Hand als mit
dem Mund verschiedene Taten verrichtete, die ein Klügerer als
er nicht hätte ausführen können. Um nun zur begonnenen
Rede zu kommen: der besagte Bursche lag mit den Bourguignons
zu Sainte-Menehould in Garnison und unterredete sich eines
Tages mit seinen Kameraden und sagte, wenn sie ihm trauen
wollten, so würde er ihnen einen guten Hinweis geben, um eine
große Schar der Schlafmützen von Troyes zu fangen, die er fürwahr auf den Tod haßte, und die ihn auch nur wenig liebten,
sondern ihm stets drohten, ihn zu hängen, wenn sie ihn fangen
könnten. Und so sagte er: «Ich will gen Troyes gehen und mich
den Vorstädten nähern und so tun, als wollte ich die Stadt aus-
kundschaften, und mit meiner Lanze die Gräben ausloten, und
so sehr will ich mich der Stadt nähern, daß ich gefangen
werde. Ich bin gewiß, daß der gute Amtmann, sobald er mich
hat, mich zum Strang verurteilen wird, und niemand aus der
Stadt wird sich für mich verwenden, denn sie hassen mich alle
sehr. So werde ich am frühen Morgen zum Galgen geführt wer-

au gibet, et vous serez embusqués au bosquet qui est au plus près. Et tantôt que vous orrez venir moi et ma compagnie, vous sauterez sur l'assemblée, et en prendrez et tiendrez à votre volonté, et me délivrerez de leurs mains.»

Tous les compagnons de la garnison s'y accordèrent, et dirent, puisqu'il osait bien entreprendre cette aventure, ils lui aideraient à la fournir. Et pour abréger, le gentil folâtre s'approcha de Troyes, comme il avait devant dit, et, comme il désirait, fut pris, dont le bruit s'épandit tôt parmi toute la ville; et n'y eut celui qui ne le condamnât à pendre; même le bailli, sitôt qu'il le vit, dit et jura par ses bons dieux qu'il serait pendu par la gorge. «Hélas, monseigneur, disait-il, je vous requiers merci, je ne vous ai rien méfait. — Vous mentez, ribaud, dit le bailli, vous avez guidé les Bourguignons en cette marche, et avez encusé [dénoncé] les bons bourgeois et marchands de cette ville; vous en aurez votre paiement, car vous en serez au gibet pendu. — Ha! pour Dieu, monseigneur, dit notre bon compagnon, puisqu'il faut que je meure, au moins qu'il vous plaise que ce soit bien matin, et qu'en la ville où j'ai eu tant de connaissance et d'accointance, je ne reçoive trop publique punition. — Bien, bien, dit le bailli, on y pensera.» Le lendemain, dès la pointe du jour, le bourreau avec sa charrette fut devant la prison, où il n'eut guère été que voici venir le bailli à cheval et ses sergents et grand nombre de gens pour l'accompagner, et fut notre homme mis, troussé et lié sur la charrette, et, tenant sa musette, dont il jouait continuellement, on le mène devers la Justice, où il fut plus accompagné, quoiqu'il fut matin,

den, und ihr werdet in dem Wäldchen, das am nächsten ist, im Hinterhalt liegen. Und sobald ihr mich und meine Begleitung kommen hören werdet, werdet ihr auf die Gesellschaft eindringen und nach eurem Belieben daraus erhaschen und gefangen nehmen, und werdet mich aus ihren Händen befreien.»

Alle Garnisonskameraden waren damit einverstanden und sagten, wenn er denn diesen Streich zu unternehmen wage, so wollten sie ihm helfen, ihn ins Werk zu setzen. Und kurz, der brave Narr näherte sich Troyes, wie er zuvor gesagt hatte, und wurde, wie er es wünschte, gefangen, wovon der Lärm sogleich durch die ganze Stadt erscholl; und da war keiner, der ihn nicht zum Strang verurteilte; selbst der Amtmann sagte und schwor bei seinen guten Göttern, sobald er ihn sah, daß er am Halse aufgehängt werden solle. «Ach Herr», sagte er darauf, «ich bitte Euch um Gnade, ich habe Euch nichts zu Leide getan.» – «Ihr lügt, Schuft», sagte der Amtmann, «Ihr habt die Bourguignons in unsere Gemarkung geführt und habt die guten Bürger und Kaufleute dieser Stadt verraten; Ihr sollt Euren Lohn dafür empfangen, denn man wird Euch dafür am Galgen aufknüpfen.» – «Nun denn, bei Gott», sagte unser guter Geselle, «wenn ich denn sterben muß, so möge es Euch gefallen, daß es früh am Morgen geschehe, und daß ich in der Stadt, wo ich so viele Bekanntschaft und Freundschaft gehabt habe, nicht gar zu öffentlich Bestrafung empfange.» – «Schon gut», sagte der Amtmann, «wir werden darauf bedacht sein.» Am anderen Morgen bei Tagesanbruch stand der Henker mit seinem Karren vor dem Gefängnis; kaum war er da, so kam der Amtmann zu Pferde mit seinen Gehilfen und einer großen Zahl von Leuten zur Begleitung. Unser Mann wurde auf den Karren gesetzt, entkleidet und gebunden, und während er seinen Dudelsack hielt, auf dem er ständig spielte, führten sie ihn zum Richtplatz,

que beaucoup d'autres n'eussent été, tant était haï en la ville.

Or devez-vous savoir que les compagnons de la garnison de Sainte-Menehould n'oublièrent pas de eux embusquer au bois auprès de ladite Justice, dès la minuit, tant pour sauver leur homme, quoiqu'il ne fût pas des plus sages, tant aussi pour gagner prisonniers et autres choses s'ils pouvaient. Eux là donc venus et arrivés, disposèrent de leur fait comme de guerre et ordonnèrent un guet sur un arbre, qui leur devait dire quand ceux de Troyes seraient à la Justice. Ce guet ainsi mis et logé, dit qu'il ferait bon devoir.

Or sont venus et descendus ceux de la Justice devant le gibet, et le plus abrégement que faire se peut, le bailli commande qu'on dépêche notre pauvre cocard [sot], qui était bien ébahi où ses compagnons étaient, qu'ils ne venaient férir dedans ces ribauds armagnacs. Il n'était pas bien à son aise, mais regardait devant et derrière, et le plus le bois; mais il n'oyait ne voyait rien. Il se confessa le plus longuement qu'il peut, toutefois il fut ôté du prêtre, et, pour abréger, monte sur l'échelle, et lui là venu fut bien ébahi, Dieu le sait, et regarde et voit toujours vers ce bois; mais c'était pour néant, car le guet ordonné pour faire saillir ceux qui secourir le devaient était sur cet arbre endormi; si ne savait que dire ni que faire ce pauvre homme, sinon qu'il pensait être à son dernier jour.

Le bourreau, à chef de pièce, fit ses préparations pour lui bouter la hart au col pour le dépêcher. Et quand il vit ce, il s'avisa d'un tour qui lui fut bien profitable, et dit : «Monseigneur le bailli, je vous prie pour

wohin ihm trotz der frühen Stunde mehr folgten, als das bei vielen anderen geschehen wäre – so verhaßt war er in der Stadt.

Nun müßt ihr wissen, daß die Kameraden von der Garnison in Sainte-Menehould nicht vergaßen, sich schon um Mitternacht im Wald bei dem besagten Richtplatz in den Hinterhalt zu legen, und zwar sowohl, um ihren Mann zu retten, obgleich er nicht der Klügsten einer war, als auch, um nach Möglichkeit Gefangene und Beute zu machen. Als sie an Ort und Stelle waren, richteten sie sich kriegsmäßig ein und beorderten eine Wache auf einen Baum, die ihnen melden sollte, wenn die von Troyes beim Richtplatz wären. Als diese Wache aufgestellt und untergebracht war, sagte sie, sie werde brav ihre Pflicht tun.

Unterdessen kam nun das Richtpersonal unter dem Galgen an, und der Amtmann befahl, mit unserem armen Schelm so rasch wie möglich zum Ziel zu kommen. Der war ganz erstaunt, wo wohl seine Kameraden sein mochten, daß sie nicht kamen und über die verruchten Armagnacs herfielen. Er fühlte sich nicht wohl in seiner Haut, sondern blickte nach vorn und hinten, vor allem aber zum Wald; aber er hörte und sah nichts. Er beichtete so lange wie er konnte, doch schließlich wurde er vom Priester weggeführt, kurz: er stieg die Leiter hinauf, und dort war er weiß Gott wieder sehr erstaunt, schaute und blickte ständig nach dem Wald, aber umsonst; denn die Wache, welche aufgestellt war, um seine Retter zum Angriff zu rufen, war auf dem Baum eingeschlafen. So wußte nun der arme Mann nicht, was er sagen oder tun sollte, und er meinte schon, sein letzter Tag sei da.

Der Henker auf dem Galgen traf seine Vorbereitungen, um ihm die Schlinge um den Hals zu legen und ihn hinabzustoßen. Als er das sah, verfiel er auf einen Gedanken, der ihm sehr zustatten kam, und sagte: «Herr Amtmann, ich bitte Euch

Dieu qu'avant qu'on mette plus avant la main en moi, que je puisse jouer une chanson de ma musette, et je ne vous demande plus; je suis après content de mourir, et vous pardonne ma mort et à tout le monde.» Cette requête lui fut passée, et sa musette lui fut en haut portée. Et quand il la tint, le plus à loisir qu'il peut, il la commence à sonner, et joua une chanson que les compagnons de l'embûche dessus-dite connaissaient très bien, et y avait: «Tu demeures trop, Robinet, tu demeures trop.» Et au son de la musette le guet s'éveilla, et de peur qu'il eut se laissa choir du haut de l'arbre où il était, et dit: «On pend notre homme! Avant, avant, hâtez-vous tôt.» Et les compagnons étaient tous prêts; et au son d'une trompette saillirent du bois, et se vinrent fourrer sur le bailli et sur tout le ménage qui devant le gibet était. Et à cet effroi, le bourreau fut tant éperdu et ébahi qu'il ne savait et n'eut onques [aucunement] l'avis de lui bouter la hart au col, et le bouter jus [à bas], mais lui pria qu'il lui sauvât la vie, ce qu'il eut fait très volontiers; mais il ne fut pas en sa puissance; trop bien fit-il autre chose et meilleure, car lui, qui sur l'échelle était, criait à ses compagnons: «Prenez celui-là, prenez celui-ci; un tel est riche, un tel est mauvais garnement.» Bref, les Bourguignons tuèrent un grand tas en venue de ceux de Troyes, et prirent de prisonniers un grand nombre, et sauvèrent leur homme en la façon que vous oyez, qui bien leur dit que jour de sa vie n'eut si belles affres qu'il avait à cette heure eu.

um Gottes willen, daß ich, bevor man weiter Hand an mich legt, ein Lied auf meinem Dudelsack spielen darf. Und mehr verlange ich nicht von Euch; danach will ich zufrieden sterben und Euch und allen übrigen meinen Tod verzeihen.» Diese Bitte wurde ihm gewährt und ihm sein Dudelsack hinaufgebracht. Als er ihn, so fest es nur ging, hielt, begann er zu blasen und spielte ein Lied, das die Kameraden im obgemeldeten Hinterhalt sehr gut kannten, und zwar kam darin vor: «Du bleibst zu lang, Robinet, du bleibst zu lang.» Und beim Klang des Dudelsacks fuhr die Wache aus dem Schlaf, und vor lauter Angst ließ sie sich von der Spitze des Baumes, auf dem sie saß, hinunterfallen und rief: «Sie hängen unseren Mann. Vorwärts, vorwärts, beeilt euch!» Die Kameraden waren alle bereit, und mit Trompetenschall brachen sie aus dem Wald hervor und stürzten sich auf den Amtmann und die ganze Versammlung, die da vor dem Galgen stand. Und der Henker war bei solchem Schrecken so verstört und verwundert, daß er nicht daran dachte und darauf kam, ihm die Schlinge um den Hals zu werfen und ihn hinunterzustoßen. Nein, er bat ihn, er möchte ihm das Leben retten. Das hätte er auch sehr gern getan, aber es stand nicht in seiner Macht, denn er hatte anderes und besseres zu tun, indem er von seiner Leiter aus seinen Kameraden zurief: «Ergreift diesen hier, jenen dort; der da ist ein reicher Mann, der da ist ein böser Mensch.» Kurz, die Bourguignons töteten eine große Menge von Leuten aus Troyes, machten eine große Zahl von Gefangenen und erretteten ihren Mann, so wie ihr es gehört habt, und der sagte ihnen, daß er sein Lebtag keine solche Angst ausgestanden habe wie in dieser Stunde.

Marguerite de Navarre:
La Sixième Nouvelle de l'Heptaméron

Il y avait un vieux valet de chambre de Charles, dernier
duc d'Alençon; lequel avait perdu un œil et était marié
avec une femme beaucoup plus jeune que lui. Et, pour
ce que ses maître et maîtresse l'aimaient autant que
homme de son état qui fût en leur maison, ne pouvait
si souvent aller voir sa femme qu'il eût bien voulu: ce
qui fut occasion dont elle oublia tellement son honneur
et conscience, qu'elle alla aimer un jeune homme, dont,
à la longue, le bruit fut si grand et mauvais, que le
mari en fut averti. Lequel ne le pouvait croire, pour
les grands signes d'amitié que lui montrait sa femme.

Toutefois, un jour, il pensa d'en faire l'expérience,
et de se venger, s'il pouvait, de celle qui lui faisait cette
honte. Et, pour ce faire, feignit s'en aller en quelque
lieu auprès de là pour deux ou trois jours. Et, incontinent qu'il fut parti, sa femme envoya quérir son
homme, lequel ne fut pas demi-heure avec elle que
voici venir le mari, qui frappa bien fort à la porte. Mais
elle, qui le connut, le dit à son ami, qui fut si étonné
qu'il eût voulu être au ventre de sa mère, maudissant
elle et l'amour qui l'avaient mis en tel danger. Elle lui
dit qu'il ne se souciât point, et qu'elle trouverait bien
moyen de l'en faire saillir sans mal ni honte, et qu'il
s'habillât le plus tôt qu'il pourrait. Ce temps pendant,
frappait le mari à la porte, appelant le plus haut qu'il
pouvait sa femme. Mais elle feignit de ne le connaître
point, et disait tout haut aux gens de léans: «Que ne

Margarete von Navarra:
Die sechste Novelle aus dem Heptamerone

Es war einmal ein alter Kammerdiener bei Karl, dem letzten
Herzog von Alençon; er hatte ein Auge verloren und war mit
einer Frau verheiratet, die viel jünger war als er. Und weil
sein Herr und seine Herrin ihn mehr liebten als irgendeinen
Mann seines Berufs im Hause, konnte er seine Frau nicht so
oft besuchen, wie er es wohl gewollt hätte: das war der Grund
dafür, daß sie ganz und gar ihre Ehre und ihren Ruf vergaß
und einen jungen Mann zum Liebhaber nahm, was auf die
Länge so laute und bösartige Gerüchte zur Folge hatte, daß der
Ehemann davon hörte. Aber er konnte es nicht glauben wegen der großen Liebesbeweise, die ihm seine Frau gab.

Eines Tages jedoch gedachte er es herauszubringen und sich,
wenn er konnte, an ihr zu rächen, die ihn so in Schande
brachte. Und um das zu tun, gab er vor, auf zwei oder drei
Tage in irgendeinen Ort in der Nähe zu reisen. Und kaum
war er davongegangen, ließ seine Frau ihren Freund holen,
der noch keine halbe Stunde bei ihr war, als der Gemahl kam
und recht kräftig an die Tür klopfte. Sie aber, die ihn erkannte,
sagte das ihrem Freund, der so überrascht war, daß er im Leibe
seiner Mutter hätte sein mögen und die Frau und die Liebe
verwünschte, die ihn in solche Gefahr gebracht hatten. Sie
sagte ihm, er möge sich keine Sorgen machen, sie werde schon
ein Mittel finden, um ihn ohne Leid noch Schaden hinauszu-
bringen; er solle sich ankleiden, so rasch er könne. Unterdessen klopfte der Ehemann an der Tür und rief nach seiner Frau,
so stark er konnte. Aber sie stellte sich, als kenne sie ihn nicht,
und sagte ganz laut zu den Leuten im Hause: «Warum steht

vous levez-vouz, et allez faire taire ceux qui font ce
bruit à la porte? Est-ce maintenant l'heure de venir
aux maisons des gens de bien? Si mon mari était ici, il
vous en garderait!» Le mari, oyant la voix de sa femme,
l'appela le plus haut qu'il peut: «Ma femme, ouvrez-
moi! Me ferez-vous demeurer ici jusqu'au jour?» Et,
quand elle vit que son ami était tout prêt de saillir, en
ouvrant sa porte, commença à dire à son mari: «O mon
mari, que je suis bien aise de votre venue! car je faisais
un merveilleux songe, et étais tant aise, que jamais je
ne reçus un tel contentement, pour ce qu'il me semblait
que vous aviez recouvré la vue de votre œil.» Et, en
l'embrassant et le baisant, le prit par la tête, et lui
bouchait d'une main son bon œil, et lui demandant:
«Voyez-vous point mieux que vous n'avez accoutumé?»
En ce temps, pendant qu'il ne voyait goutte, fait sortir
son ami dehors, dont le mari se douta incontinent, et
lui dit: «Par Dieu, ma femme, je ne ferai jamais le guet
sur vous; car, en vous cuidant tromper, j'ai reçu la plus
fine tromperie qui fut onques inventée. Dieu vous
veuille amender; car il n'est en la puissance d'homme
du monde de donner ordre en la malice d'une femme,
qui du tout ne la tuera. Mais, puisque le bon traitement
que je vous ai fait n'a rien servi à votre amendement,
peut-être que le dépris que dorénavant j'en ferai vous
châtiera.» Et, en ce disant, s'en alla et laissa sa femme
bien désolée, qui, par le moyen de ses amis, excuses et
larmes, retourna encore avec lui.

ihr nicht auf und bringt die Menschen zum Schweigen, die da solchen Lärm an der Tür machen? Ist jetzt vielleicht die Stunde, um in die Häuser rechtschaffener Leute zu kommen? Wenn mein Gemahl hier wäre, würde er euch schon Beine machen!» Als der Ehemann die Stimme seiner Frau hörte, rief er, so laut er konnte: «Frau, macht mir auf! Wollt Ihr mich hier bis zum Morgen stehen lassen?» Und als sie sah, daß ihr Freund ganz bereit war hinauszuspringen, öffnete sie die Tür und hob an und sagte zu ihrem Ehemann: «O mein Gemahl, wie glücklich ich über Euer Kommen bin! Denn ich habe einen wunderbaren Traum gehabt, und ich war so glücklich, daß ich wohl noch nie so eine Befriedigung empfunden habe. Es schien mir nämlich, Ihr hättet Euer Augenlicht wiedererlangt.» Und indem sie ihn umarmte und küßte, faßte sie ihn beim Kopf, hielt ihm mit einer Hand sein gutes Auge zu und fragte ihn: «Seht Ihr nicht besser als für gewöhnlich?» Unterdessen, während er nicht das Geringste sah, ließ sie ihren Freund hinausschlüpfen – was der Ehemann sogleich erriet, so daß er zu ihr sagte: «Bei Gott, Frau, ich werde Euch niemals mehr nachspüren; denn indem ich Euch täuschen wollte, ist mir die feinste Täuschung widerfahren, die je einer ersonnen hat. Möge Gott Euch bessern; denn es steht in der Macht keines Mannes auf dieser Welt, eine Frau von ihrer Arglist zu heilen, wenn er sie nicht umbringt. Da aber die gute Behandlung, die ich Euch habe angedeihen lassen, nichts zu Eurer Besserung genützt hat, wird Euch vielleicht das Gegenteil, das ich fortan tun will, zur Strafe dienen.» Und indem er das sagte, ging er davon und ließ seine Frau sehr betrübt allein. Sie kehrte aber durch die Vermittlung ihrer Freunde, durch Entschuldigungen und Tränen wieder zu ihm zurück.

Paul Scarron : Histoire des Deux Jalouses

Les divisions qui mirent la maîtresse ville du monde au rang des plus malheureuses, furent une semence qui s'épandit par tout l'univers et en un temps où les hommes ne doivent avoir qu'une âme, comme au berceau de l'Église, puisqu'ils avaient l'honneur d'être les membres de ce sacré corps ; mais elles ne laissèrent pas d'éclore celles des Guelfes et des Gibelins et, quelques années après, celles des Capelets et des Montesches. Ces ·divisions, qui ne devaient point sortir de l'Italie où elles avaient eu leur origine, ne laissèrent pas de se dilater par tout le monde et notre France n'en a pas été exempte ; et il semble même que c'est dans son sein où la pomme de discorde a plus fait éclater ses funestes effets ; ce qu'elle fait encore à présent, car il n'y a ville, bourg ni village où il n'y ait divers partis d'où il arrive tous les jours de sinistres accidents.

Mon père, qui était conseiller au parlement de Rennes et qui m'avait destiné pour être, comme je suis, son successeur, me mit au collège pour m'en rendre capable ; mais, comme j'étais dans ma patrie, il s'aperçut que je ne profitais pas, ce qui le fit résoudre à m'envoyer à la Flèche où est, comme vous savez, le plus fameux collège que les Jésuites aient dans ce royaume de France. Ce fut dans cette petite ville-là où arriva ce que je vous vais apprendre et, au même temps que j'y faisais mes études.

Il y avait deux gentilshommes qui étaient les plus

Paul Scarron:
Die Geschichte von den zwei eifersüchtigen Frauen

Die Spaltungen, welche die Herrin unter den Städten der Welt
zur unglücklichsten aller Städte gemacht haben, sind eine Saat
gewesen, die sich über den ganzen Erdkreis verbreitet hat, und
das zu einer Zeit, da die Menschen wie in der Wiegenzeit der
Kirche ein Herz und eine Seele sein sollten, weil sie der Ehre
teilhaftig waren, Glieder dieses einen heiligen Leibes zu sein.
Aber die Spaltungen brachten Frucht in den Spaltungen der
Guelfen und Ghibellinen und wenige Jahre später der Capu-
letti und Montecchi, und obwohl sie nie über Italien hinaus-
gehen sollten, wo sie ihren Ursprung hatten, breiteten sie sich
bald über die ganze Welt aus, und auch unser Frankreich blieb
nicht verschont. Ja, es scheint sogar, als habe im Schoße unseres
Landes der Zankapfel seine schlimmsten Folgen gezeigt, und
das ist noch heute so; denn es ist ja keine Stadt, kein Markt
und kein Dorf, in dem es nicht verschiedene Parteien gibt, was
jeden Tag schreckliche Zwischenfälle hervorbringt.

Mein Vater, der Rat am Hohen Gerichtshof von Rennes war
und mich dazu bestimmt hatte, sein Nachfolger zu werden, was
ich ja auch bin, ließ mich das Gymnasium besuchen, um mich
dessen fähig zu machen; aber er bemerkte, daß ich in meiner
Heimatstadt keine Fortschritte machte, und das bewog ihn,
mich nach La Flèche zu schicken, wo sich, wie allgemein bekannt, das berühmteste Jesuitenkolleg im ganzen Königreich
Frankreich befindet. In dieser kleinen Stadt ist vorgefallen,
was ich nun erzählen will, und zwar gerade zu der Zeit, als ich
dort studierte.

Es waren einmal zwei Edelleute, die vornehmsten der Stadt.

qualifiés de la ville, déjà avancés en âge, sans être pourtant mariés, comme il arrive souvent aux personnes de condition, ce que l'on dit en proverbe : *Entre qui nous veut et qui nous ne voulons pas, nous demeurons sans nous marier.* A la fin tous deux se marièrent. L'un, qu'on appelait monsieur de Fondsblanche, prit une fille de Châteaudun, laquelle était de fort petite noblesse, mais fort riche. L'autre qu'on appelait monsieur du Lac, épousa une demoiselle de la ville de Chartres, qui n'était pas riche, mais qui était très belle et d'une si illustre maison qu'elle appartenait à des ducs et pairs et à des maréchaux de France. Ces deux gentils-hommes, qui pouvaient partager la ville, furent toujours de fort bonne intelligence, mais elle ne dura guère après leurs mariages, car leurs deux femmes commencèrent à se regarder d'un œil jaloux, l'une se tenant fière de son extraction et l'autre de ses grands biens. Madame de Fondsblanche n'était pas belle de visage, mais elle avait grand'mine, bonne grâce et était fort propre; elle avait beaucoup d'esprit et était fort obligeante. Madame du Lac était très belle, comme j'ai dit, mais sans grâce; elle avait de l'esprit infiniment, mais si mal tourné que c'était une artificieuse et dangereuse personne.

Ces deux dames étaient de l'humeur de la plupart des femmes de ce temps, qui ne croiraient pas être du grand monde si elles n'avaient chacune une douzaine de galants; aussi elles faisaient tous leurs efforts et employaient tous leurs soins pour faire des conquêtes, à quoi la du Lac réussissait beaucoup mieux que la Fondsblanche, car elle tenait sous son empire toute la

Sie waren schon im vorgerückten Alter, aber immer noch un-
vermählt, wie es bei hochstehenden Personen oft der Fall ist
und auch im Sprichwort gesagt wird: «Zwischen der, die uns
will, und der, die wir nicht wollen, bleiben wir unverheira-
tet.» Aber schließlich heirateten beide doch. Der eine, er hieß
Herr von Fondsblanche, nahm ein Mädchen aus Châteaudun,
die von kleinem Adel, aber sehr reich war. Der andere, er hieß
Herr Du Lac, ehelichte ein Fräulein aus der Stadt Chartres,
die nicht reich war, dafür aber sehr schön und aus einer so be-
rühmten Familie, daß sie Herzöge und Pairs und Marschälle
von Frankreich unter ihren Verwandten hatte. Unsere beiden
Edelleute, die die Stadt hätten zwischen sich teilen können,
hatten stets ein sehr gutes Einvernehmen gehabt, aber das hielt
sich nicht lange über ihre Hochzeiten hinaus; denn ihre Frauen
begannen einander mit eifersüchtigen Blicken anzusehen, wobei
die eine auf ihre Abstammung und die andere auf ihr großes
Vermögen stolz war. Frau von Fondsblanche war nicht schön
von Angesicht, aber sie hatte eindrucksvolle Züge, eine freund-
liche Grazie und war sehr gepflegt; gleichzeitig hatte sie viel
Geist und war sehr entgegenkommend. Frau Du Lac war, wie
schon weiter oben gesagt sehr schön, aber ohne Grazie; sie
hatte unendlich viel Geist, aber von einer so absonderlichen
Art, daß sie zu einer verschlagenen und gefährlichen Frau geworden war.

Beide Damen teilten die Ansicht der meisten Frauen von damals und glaubten, nicht zur großen Welt zu gehören, wenn
sie nicht jede mindestens ein Dutzend Galane hätten. So richteten sie denn alle Mühe und allen Eifer darauf, Eroberungen
zu machen, was der Du Lac sehr viel besser gelang als der
Fondsblanche; denn sie hatte die ganze Jugend der Stadt und
der Gegend unter ihrem Szepter, natürlich lauter hochgestellte

jeunesse de la ville et du voisinage; s'entend des personnes très qualifiées, car elle n'en souffrait point
d'autres; mais cette affectation causa des murmures
sourds qui éclatèrent enfin ouvertement en médisance
sans que pour cela elle discontinuât de sa manière
d'agir; au contraire, il sembla que ce lui fût un sujet
pour prendre plus de soin à faire des nouveaux galants.
La Fondsblanche n'était pas du tout si soigneuse d'en
avoir et elle en avait pourtant quelques-uns qu'elle
retenait avec adresse, entre lesquels était un jeune
gentilhomme très bien fait dont l'esprit correspondait
au sien et qui était un des braves du temps. Celui-là en
était le plus favori; aussi son assiduité causa des
soupçons et la médisance éclata hautement. Ce fut là la
source de la rupture entre ces deux dames, car auparavant elles se visitaient civilement, mais, comme j'ai dit,
toujours avec une jalouse envie. La du Lac commença
à médire ouvertement de la Fondsblanche, fit épier ses
actions et fit mille pièces artificieuses pour la perdre
de réputation, notamment sur le sujet de ce gentilhomme que l'on appelait monsieur du Val-Rocher; ce
qui vint aux oreilles de la Fondsblanche, qui ne demeura pas muette, car elle disait par raillerie que, si
elle avait des galants, ce n'était pas à douzaine comme
la du Lac qui faisait toujours des nouvelles impostures.
L'autre, en se défendant, lui baillait le change, si bien
qu'elles vivaient comme deux démons.

Quelques personnes charitables essayèrent à les
mettre d'accord, mais ce fut inutilement, car elles ne
les purent jamais obliger à se voir. La du Lac, qui ne
pensait à autre chose qu'à causer du déplaisir à la

Persönlichkeiten, denn andere litt sie nicht in ihrer Nähe. Aber dieses Getue hatte ein dumpfes Gemurmel zur Folge, das schließlich offen in üble Nachrede überging, ohne daß sie deshalb ihr Verhalten geändert hätte; im Gegenteil schien das für sie ein Grund zu sein, sich mit noch mehr Eifer auf die Eroberung weiterer Galane zu machen. Die Fondsblanche war bei weitem nicht so sehr darauf aus, welche zu haben, hatte aber dennoch einige, die sie geschickt an sich fesselte, darunter einen wunderhübschen jungen Edelmann, dessen Geist dem ihren ganz entsprach, und der einer der kühnsten Männer jener Zeit war. Dieser war ihr der liebste von allen, und so erregte seine Beständigkeit Verdacht, und die üble Nachrede wurde laut. Das war auch der Grund für den Bruch zwischen den beiden Damen, die sich immerhin bis dahin höflich besucht hatten, wenn auch wie gesagt immer mit eifersüchtigem Neid. Die Du Lac begann, der Fondsblanche in aller Öffentlichkeit Übles nachzureden und alles, was sie tat, auszuspionieren; sie fand tausend raffinierte Arten, um sie um ihren guten Ruf zu bringen, vor allem im Zusammenhang mit dem bewußten Edelmann, der Herr Du Val-Rocher hieß. Das kam nun der Fondsblanche zu Ohren, die ihrerseits nicht stille schwieg, sondern spöttisch erklärte, daß sie, wenn sie schon Galane habe, diese jedenfalls nicht im Dutzend hielte wie die Du Lac, die einen nach dem anderen immer neu hintergehe. Die andere verteidigte sich, indem sie ihr kräftig herausgab, so daß die beiden wie zwei Teufelinnen miteinander lebten.

Etliche wohlgesonnene Leute versuchten, sie zu versöhnen, aber ohne Erfolg, weil es ihnen nie gelang, sie zusammenzubringen. Die Du Lac dachte nur daran, wie sie der Fondsblanche Kummer bereiten könnte, und meinte, der schlimmste

Fondsblanche, crut que le plus sensible qu'elle pourrait lui faire ressentir, ce serait de lui ôter le plus favori de ses galants, ce du Val-Rocher. Elle fit dire à monsieur de Fondsblanche, par des gens qui lui étaient affidés, que, quand il était hors de sa maison (ce qui arrivait souvent, car il était continuellement à la chasse ou en visite chez des gentilshommes voisins de la ville), que du Val-Rocher couchait avec sa femme et que des gens dignes de foi l'avaient vu sortir de son lit où elle était. Monsieur de Fondsblanche, qui n'en avait jamais eu aucun soupçon, fit quelque réflexion à ce discours et ensuite fit connaître à sa femme qu'elle l'obligerait si elle faisait cesser les visites du Val-Rocher. Elle répliqua tant de choses et le paya de si fortes raisons qu'il ne s'y opiniâtra pas, la laissant dans la liberté d'agir comme auparavant.

La du Lac, voyant que cette invention n'avait pas eu l'effet qu'elle désirait, trouva moyen de parler au Val-Rocher. Elle était belle et accorte, qui sont deux fortes machines pour gagner la forteresse d'un cœur le mieux muni ; aussi, encore qu'il eût des grands attachements à la Fondsblanche, la du Lac rompit tous ces liens et lui donna des chaînes bien plus fortes, ce qui causa une sensible douleur à la Fondsblanche (surtout quand elle apprit que du Val-Rocher parlait d'elle en des termes fort insolents), laquelle augmenta par la mort de son mari qui arriva quelques mois après. Elle en porta le deuil fort austèrement, mais la jalousie la surmonta et fut la plus forte. Il n'y avait que quinze jours que l'on avait enterré son mari qu'elle pratiqua une entrevue secrète avec du Val-Rocher. Je n'ai pas su

Schmerz, den sie ihr zufügen könne, sei der, ihr den liebsten ihrer Galane, eben den Du Val-Rocher, zu nehmen. Sie ließ Herrn von Fondsblanche durch Leute, die ihr vertraut waren, sagen, daß wenn er außer Haus sei (was oft geschah, weil er fortwährend auf der Jagd oder bei Edelleuten in der näheren Umgebung der Stadt auf Besuch war), der Du Val-Rocher mit seiner Frau schlafe, und daß vertrauenswürdige Personen ihn aus dem Bett hätten steigen gesehen, in dem sie gelegen habe. Herr von Fondsblanche, der niemals einen solchen Verdacht gehegt hatte, machte sich seine Gedanken über diese Aussage und ließ seine Frau dann wissen, sie würde ihn zu Dank verpflichten, wenn sie in Zukunft den Besuch des Du Val-Rocher nicht mehr empfinge. Sie erwiderte so vieles und überschüttete ihn mit so einleuchtenden Gründen, daß er sich nicht darauf versteifte und ihr schließlich die Freiheit ließ, es wie zuvor zu halten.

Als die Du Lac sah, daß dieser Einfall nicht die gewünschte Wirkung gehabt hatte, fand sie Mittel und Wege, mit Du Val-Rocher zu sprechen. Sie war schön und freundlich, und das sind zwei starke Rammböcke, um eine noch so befestigte Herzensburg zu erobern, und so groß seine Anhänglichkeit an die Fondsblanche auch war, brach die Du Lac doch alle diese Bande und legte ihn in noch viel stärkere Ketten. Das bereitete der Fondsblanche erheblichen Schmerz, vor allem als sie hörte, daß Du Val-Rocher in unverschämten Ausdrücken von ihr sprach, und dieser Schmerz wurde noch größer durch den Tod ihres Gemahls, der wenige Monate später eintrat. Sie trug strenge Trauer um ihn, aber die Eifersucht war stärker und übermannte sie völlig. Ihr Gemahl war noch kaum vierzehn Tage beerdigt, da brachte sie eine geheime Zusammenkunft mit Du Val-Rocher zuwege. Ich habe nie erfahren, was sie miteinander

quel fut leur entretien, mais l'événement le fit assez connaître, car, une douzaine de jours après, leur mariage fut publié, quoiqu'ils l'eussent contracté fort secrètement; et ainsi, dans moins d'un mois elle eut deux maris, l'un qui mourut en l'espace de ce temps-là, et l'autre vivant. Voilà, ce me semble, le plus violent effet de jalousie qu'on puisse imaginer, car elle oublia la bienséance du veuvage et ne se soucia de tous les insolents discours que du Val-Rocher avait faits d'elle à la persuasion de la du Lac, ce qui justifie assez ce que l'on dit, qu'une femme hasarde tout quand il s'agit de se venger; mais vous le verrez encore mieux par ce que je vous vais dire.

La du Lac pensa enrager quand elle apprit cette nouvelle, mais elle dissimula son ressentiment tant qu'elle put et qu'elle fut pourtant sur le point de faire éclater, ayant fait dessein de le faire assassiner en un voyage qu'il devait faire en Bretagne dont il fut averti par des personnes à qui elle s'en était découverte, ce qui l'obligea à se bien précautionner. D'ailleurs, elle considéra que ce serait mettre ses plus chers amis en grand hasard, ce qui la fit penser à un moyen le plus étrange que la jalousie puisse susciter, qui fut de brouiller son mari avec du Val-Rocher par ses pernicieux artifices. Aussi ils se querellèrent furieusement plusieurs fois et en furent jusqu'au point de se battre en duel, à quoi la du Lac poussa son mari qui n'était pas des plus adroits du monde, jugeant bien qu'il ne durerait guère au Val-Rocher, lequel, comme j'ai dit, était un des braves du temps; se figurant qu'après la mort de son mari, elle le pourrait encore ôter à la

gesprochen haben, aber die Ereignisse brachten es deutlich genug an den Tag; denn ein Dutzend Tage später wurde ihre Heirat bekanntgegeben, die sie ganz heimlich abgeschlossen hatten. So hatte sie binnen weniger als vier Wochen zwei Ehegatten, einen, der in dieser Zeit gestorben, und einen, der am Leben war. Das ist, will mir scheinen, die heftigste Auswirkung der Eifersucht die man sich vorstellen kann; denn die Fondsblanche vergaß Brauch und Sitte der Witwenschaft und scherte sich nicht um all die unverschämten Reden, die Du Val-Rocher über sie unter dem Einfluß der Du Lac geführt hatte. Das ist schon Beweis genug für die Redensart, daß eine Frau alles wagt, wenn es um ihre Rache geht, aber man wird das noch besser aus dem ersehen, was ich jetzt erzählen will.

Die Du Lac glaubte vor Wut zu ersticken, als sie die Neuigkeit hörte, aber sie verbarg ihren Groll so gut es ging. Fast hätte sie ihm allerdings doch freien Lauf gelassen: sie hatte den Plan gefaßt, den Ungetreuen auf einer Reise in die Bretagne, die er vorhatte, ermorden zu lassen; doch er wurde von Leuten gewarnt, denen sie sich eröffnet hatte, so daß sie sich jetzt sehr in acht nehmen mußte. Überdies bedachte sie, daß ein solches Vorgehen ihre liebsten Freunde in große Gefahr bringen würde, und so verfiel sie auf das seltsamste Mittel, das ihr die Eifersucht eingeben konnte: sie wollte ihren Mann und Du Val-Rocher durch ihre schändlichen Kunststücke auseinanderbringen. Tatsächlich gerieten die beiden bald mehrmals heftig in Streit und waren drauf und dran, sich zu duellieren, wozu die Du Lac ihren Gemahl, der nicht zu den geschicktesten Fechtern gehörte, gehörig riet, weil sie sich ausrechnen konnte, daß er Du Val-Rocher – wie gesagt: einem der kühnsten Männer seiner Zeit – kaum widerstehen würde. Sie malte sich aus, wie sie ihn nach dem Tode ihres Gemahls noch einmal der

Fondsblanche, de laquelle elle se pourrait facilement défaire, ou par poison, ou par le mauvais traitement qu'elle lui ferrait donner. Mais il en arriva tout autrement qu'elle n'avait projeté, car du Val-Rocher, se fiant en son adresse, méprisa du Lac (qui au commencement se tenait sur la défensive), ne croyant pas qu'il osât lui porter; et ainsi il se négligeait, en sorte que du Lac le voyant un peu hors de garde, lui porta si justement qu'il lui mit son épée au travers du corps et le laissa sans vie et s'en alla à sa maison où il trouva sa femme, à laquelle il raconta l'action dont elle fut bien étonnée et marrie tout ensemble de cet événement si inopiné. Il s'enfuit secrètement et s'en alla dans la maison d'un des parents de sa femme, lesquels, comme j'ai dit, étaient des grands et puissants seigneurs qui travaillèrent à obtenir sa grâce du roi.

La Fondsblanche fut fort étonnée quand on lui annonça la mort de son mari et qu'on lui dit qu'il ne fallait pas s'amuser à verser d'inutiles larmes, mais qu'il fallait le faire enterrer secrètement pour éviter que la justice n'y mît pas la main; ce qui fut fait, et ainsi elle fut veuve en moins de six semaines. Cependant du Lac eut sa grâce qui fut entérinée au parlement de Paris, nonobstant toutes les oppositiones de la veuve du mort qui voulait faire passer l'action pour un assassinat, ce qui la fit résoudre à la plus étrange résolution qui puisse jamais entrer dans l'esprit d'une femme irritée. Elle s'arma d'un poignard et, passant une fois par-devant du Lac, qui se promenait à la place avec quelques-uns de ses amis, elle l'attaqua si furieusement et si inopinément qu'elle lui ôta le moyen

Fondsblanche abspenstig machen wollte, von der wiederum sie sich durch Gift zu befreien gedachte oder durch die schlechte Behandlung, die sie ihr widerfahren lassen würde. Aber es kam ganz anders, als sie es geplant hatte, denn Du Val-Rocher verließ sich zu sehr auf seine Kunstfertigkeit. Er unterschätzte Du Lac, der zunächst in der Defensive blieb, und glaubte, der werde keinen Stoß auf ihn wagen. So wurde er fahrlässig, und als Du Lac seine Deckung eine Spur offen sah, führte der einen so geschickten Stoß, daß er ihm den Degen durch den Leib rannte und ihn tot auf dem Platze ließ. Du Lac ging heim zu seiner Frau und erzählte ihr, was geschehen war, und sie war höchst erstaunt und mißvergnügt über dieses unerwartete Ereignis. Er machte sich heimlich davon in das Haus eines seiner angeheirateten Verwandten, die ja wie gesagt großmächtige Herren waren und sich gleich darum bemühten, vom König seine Begnadigung zu erlangen.

Die Fondsblanche war ganz überrascht, als man ihr den Tod ihres Gemahls meldete und ihr sagte, sie dürfe keine Zeit mit unnützem Tränenvergießen verlieren, sondern müsse ihn unauffällig begraben lassen, damit die Justiz sich nicht erst einmenge. So geschah es denn auch, und sie war in weniger als sechs Wochen wieder Witwe. Du Lac jedoch erlangte seine Begnadigung, die vom Hohen Gerichtshof in Paris bestätigt wurde, und zwar trotz aller Einwände der Witwe des Toten, die diese Tat als Mord betrachtet sehen wollte. Die Begnadigung aber brachte sie auf den seltsamsten Plan, der je im Kopf einer erbosten Frau geboren worden ist. Sie bewaffnete sich mit einem Dolch, und als sie eines Tages an Du Lac, der mit einigen Freunden auf dem Marktplatz spazierenging, vorüberkam, griff sie ihn so ungestüm und so überraschend an, daß sie ihm keine Möglichkeit zur Verteidigung ließ und ihm in Gedankenschnelle

de se mettre en défense et lui donna à même temps deux coups de poignard dans le corps dont il mourut trois jours après. Sa femme la fit poursuivre et mettre en prison; on lui fit son procès, et la plupart des juges opinèrent à la mort à quoi elle fut condamnée. Mais l'exécution en fut retardée, car elle déclara qu'elle était grosse, et ce qui est à remarquer, c'est qu'elle ne savait duquel de ses deux maris. Elle demeura donc prisonnière, mais comme c'était une personne fort délicate, l'air renfermé et puant de la conciergerie, avec les autres incommodités que l'on y souffre, lui causèrent une maladie et sa délivrance avant le terme et ensuite sa mort; néanmoins le fruit eut baptême et, après avoir vécu quelques heures, il mourut aussi.

La du Lac fut touchée de Dieu; elle rentra en soi-même, fit résolution, sur tant de sinistres accidents dont elle était cause, mit ordre aux affaires de sa maison et entra dans un monastère de religieuses réformées de l'ordre de Saint-Benoît, au lieu d'Almenesche, au diocèse de Sées. Elle voulut s'éloigner de sa patrie pour vivre avec plus de quiétude et faire plus facilement pénitence de tant de maux qu'elle avait causés. Elle est encore dans ce monastère où elle vit dans une grande austérité, si elle n'est morte depuis quelques mois.

zwei Dolchstiche in den Leib versetzte, an denen er drei Tage später starb. Seine Frau ließ sie verfolgen und ins Gefängnis werfen; es wurde ihr der Prozeß gemacht, und die Mehrheit der Richter entschied auf die Todesstrafe, zu der sie auch verurteilt wurde. Aber der Vollzug wurde aufgeschoben, weil sie erklärte, sie sei schwanger, und es ist bemerkenswert, daß sie nicht wußte, von welchem ihrer beiden Ehegatten. Sie blieb also im Gefängnis, doch da sie ein zartes Geschöpf war, brachten ihr die stickige und übelriechende Luft und die übrigen Unbequemlichkeiten, unter denen man im Pariser Staatsgefängnis zu leiden hat, erst eine Krankheit, dann eine vorzeitige Entbindung und endlich den Tod; immerhin erhielt ihre Leibesfrucht noch die Taufe und starb erst nach einigen Stunden.

Der Du Lac wurde das Herz von Gott angerührt; sie ging in sich, zog ihren Schluß aus den vielen Ereignissen, an denen sie Schuld trug, ordnete ihren Hausstand und trat in ein reformiertes Nonnenkloster des Benediktinerordens zu Almenesche in der Diözese von Sées ein. Sie wollte sich von ihrem Heimatort entfernen, um mit mehr Seelenruhe leben und besser Buße tun zu können für die vielen Leiden, die sie verursacht hatte. Sie führt noch jetzt ihr strenges Leben in diesem Kloster, wenn sie nicht in den letzten Monaten gestorben ist.

Madame de La Fayette: La Comtesse de Tende

Mademoiselle de Strozzi, fille du maréchal, et proche parente de Catherine de Médicis, épousa, la première année de la régence de cette reine, le comte de Tende, de la maison de Savoie, riche, bien fait, le seigneur de la cour qui vivait avec le plus d'éclat, et plus propre à se faire estimer qu'à plaire. Sa femme néanmoins l'aima d'abord avec passion, elle était fort jeune; il ne la regarda que comme une enfant, et il fut bientôt amoureux d'une autre. La comtesse de Tende, vive, et d'une race italienne, devint jalouse; elle ne se donnait point de repos, elle n'en laissait point à son mari; il évita sa présence, et ne vécut plus avec elle comme l'on vit avec sa femme.

La beauté de la comtesse augmenta, elle fit paraître beaucoup d'esprit, le monde la regarda avec admiration, elle fut occupée d'elle-même, et guérit insensiblement de sa jalousie et de sa passion.

Elle devint l'amie intime de la princesse de Neufchâtel, jeune, belle, et veuve du prince de ce nom, qui lui avait laissé, en mourant, cette souveraineté, qui la rendait le parti de la cour le plus élevé et le plus brillant.

Le chevalier de Navarre, descendu des anciens souverains de ce royaume, était aussi alors jeune, beau, plein d'esprit et d'élévation; mais la fortune ne lui avait donné d'autre bien que la naissance: il jeta les yeux sur la princesse de Neufchâtel, dont il connaissait l'esprit, comme sur une personne capable d'un attache-

Madame de La Fayette: Die Gräfin von Tenda

Fräulein von Strozzi, die Tochter des Marschalls und eine nahe
Verwandte der Katharina von Médicis, heiratete im ersten Re-
gentschaftsjahr dieser Königin den reichen und schönen Herzog von Tenda aus dem Hause Savoyen, die strahlendste Person bei Hofe, einen Mann, der eher geeignet war, Achtung zu
finden, als Gefallen zu erregen. Seine Gemahlin jedoch liebte
ihn zunächst leidenschaftlich; sie war sehr jung. Er betrachtete
sie wie ein Kind, und bald war er in eine andere verliebt. Die
Gräfin von Tenda, lebhaft und von italienischem Geblüt, wurde
eifersüchtig; sie gab keine Ruhe und ließ auch ihrem Gemahl
keine. Er mied ihre Gegenwart und lebte nicht mehr so mit
ihr, wie man mit seiner Frau lebt.

Die Gräfin nahm an Schönheit zu, sie zeigte viel Geist, die
Welt betrachtete sie mit Bewunderung. Sie beschäftigte sich
fortan mit sich selber und genas unmerklich von ihrer Eifersucht und ihrer Leidenschaft.

Sie wurde zur vertrauten Freundin der jungen, schönen Fürstin von Neufchâtel, der Witwe des Fürsten gleichen Namens,
der ihr bei seinem Tode diese Herrschaft hinterlassen hatte,
die sie zur ranghöchsten und glänzendsten Partie bei Hofe
machte.

Der Ritter von Navarra, ein Sproß der ehemaligen Herr-
scher dieses Königreiches, war damals jung, schön und voller
Geist und Größe, aber das Schicksal hatte ihm kein anderes
Gut als seine Geburt mitgegeben: so warf er seine Augen auf
die Fürstin von Neufchâtel, deren Geist er kannte, als auf eine
Person, die heftiger Zuneigung fähig war und geeignet, das

ment violent, et propre à faire la fortune d'un homme comme lui. Dans cette vue, il s'attacha à elle, sans en être amoureux, et attira son inclination : il en fut souffert ; mais il se trouva encore bien éloigné du succès qu'il désirait. Son dessein était ignoré de tout le monde ; un seul de ses amis en avait la confidence, et cet ami était aussi intime ami du comte de Tende : il fit consentir le chevalier de Navarre à confier son secret au comte, dans la vue qu'il l'obligerait à le servir auprès de la princesse de Neufchâtel.

Le comte de Tende aimait déjà le chevalier de Navarre ; il en parla à sa femme, pour qui il commençait à avoir plus de considération, et l'obligea, en effet, de faire ce qu'on désirait. La princesse de Neufchâtel lui avait déjà fait confidence de son inclination pour le chevalier de Navarre ; cette comtesse la fortifia.

Le chevalier la vint voir, il prit des liaisons et des mesures avec elle ; mais en la voyant, il prit aussi pour elle une passion violente ; il ne s'y abandonna pas d'abord, il vit les obstacles que ces sentiments partagés entre l'amour et l'ambition apporteraient à son dessein, il résista ; mais pour résister, il ne fallait pas voir souvent la comtesse de Tende, et il la voyait tous les jours, en cherchant la princesse de Neufchâtel ; ainsi il devint éperdument amoureux de la comtesse. Il ne put lui cacher entièrement sa passion : elle s'en aperçut ; son amour-propre en fut flatté, et elle se sentit un amour violent pour lui.

Un jour, comme elle lui parlait de la grande fortune d'épouser la princesse de Neufchâtel, il lui dit en la regardant d'un air où sa passion était entièrement

Glück eines Mannes in seiner Lage zu machen. Mit dieser Absicht näherte er sich ihr, ohne in sie verliebt zu sein; er gewann ihre Zuneigung, er wurde von ihr geduldet, aber er war noch weit entfernt vom gewünschten Erfolg. Niemand wußte etwas von seinem Vorhaben; nur ein einziger seiner Freunde war ins Vertrauen gezogen, und dieser Freund war zugleich ein enger Freund des Grafen von Tenda: er bewegte den Ritter von Navarra dazu, sein Geheimnis dem Grafen anzuvertrauen mit der Bitte, er möge sich bei der Fürstin von Neufchâtel für ihn verwenden.

Der Graf von Tenda hatte den Ritter von Navarra schon ins Herz geschlossen. Er sprach mit seiner Gemahlin darüber, für die er inzwischen etwas mehr Achtung empfand, und brachte sie auch dazu, das Gewünschte zu tun. Ihr hatte die Fürstin von Neufchâtel ihre Neigung für den Ritter von Navarra schon zu erkennen gegeben, und die Gräfin bestärkte sie nun darin.

Der Ritter machte der Gräfin einen Besuch, er traf Vereinbarungen und machte Pläne mit ihr, aber indem er sie sah, faßte er auch eine heftige Leidenschaft zu ihr. Er ließ dieser zunächst keinen freien Lauf, weil er erkannte, daß der Zwiespalt der Gefühle zwischen Liebe und Ehrgeiz seinen Plänen hinderlich sein würde; er widerstand also. Aber um zu widerstehen, durfte man die Gräfin von Tenda nicht oft sehen, und das tat er ja alle Tage, indem er der Fürstin von Neufchâtel nachstellte. So verliebte er sich rettungslos in die Gräfin. Er konnte ihr seine Leidenschaft nicht ganz verbergen. Sie bemerkte es, ihr Selbstgefühl war geschmeichelt, und sie empfand eine heftige Liebe für ihn.

Als sie eines Tages zu ihm von dem großen Glück, die Fürstin von Neufchâtel heiraten zu dürfen, sprach, sagte er zu ihr mit Blicken, die eine vollständige Erklärung seiner Leiden-

déclarée: «Et croyez-vous, Madame, qu'il n'y ait point de fortune que je préférasse à celle d'épouser cette princesse?» La comtesse de Tende fut frappée des regards et des paroles du chevalier; elle le regarda des mêmes yeux dont il la regardait, et il y eut un trouble et un silence entre eux plus parlant que les paroles. Depuis ce temps, la comtesse fut dans une agitation qui lui ôta le repos: elle sentit le remords d'ôter à son amie le cœur d'un homme qu'elle allait épouser uniquement pour en être aimée, qu'elle épousait avec l'improbation de tout le monde, et aux dépens de son élévation. Cette trahison lui fit horreur, la honte et les malheurs d'une galanterie se présentèrent à son esprit, elle vit l'abîme où elle se précipitait, et elle résolut de l'éviter.

Elle tint mal ses résolutions. La princesse était presque déterminée à épouser le chevalier de Navarre: néanmoins elle n'était pas contente de la passion qu'il avait pour elle; et au travers de celle qu'elle avait pour lui, et du soin qu'il prenait de la tromper, elle démêlait la tiédeur de ses sentiments. Elle s'en plaignit à la comtesse de Tende. Cette comtesse la rassura; mais les plaintes de madame de Neufchâtel achevèrent de la troubler; elles lui firent voir l'étendue de sa trahison, qui coûterait peut-être la fortune de son amant. Elle l'avertit des défiances de la princesse; il lui témoigna de l'indifférence pour tout, hors d'être aimé d'elle; néanmoins, il se contraignit par ses ordres, et rassura si bien la princesse de Neufchâtel, qu'elle fit voir à la comtesse de Tende qu'elle était entièrement satisfaite du chevalier de Navarre.

La jalousie se saisit alors de la comtesse, elle craignit

schaft waren: «Meinen Sie denn wirklich, Madame, es gäbe
kein Glück, das ich einer Heirat mit der Fürstin vorziehen
würde?» Die Gräfin von Tenda war von den Blicken und
Worten des Ritters betroffen; sie blickte ihn so an, wie er sie
angeblickt hatte, und es entstand zwischen ihnen eine Verwirrung und ein Schweigen, das vielsagender war als alle
Worte. Von Stund an lebte die Gräfin in einer Erregung, die
ihr den Schlummer raubte: sie verspürte Reue, der Freundin
das Herz eines Mannes zu stehlen, den sie aus reiner Liebe,
gegen die Mißbilligung aller und trotz ihres hohen Ranges,
heiraten wollte. Der Verrat machte sie schaudern, die Scham-
losigkeit und die Leiden eines solchen Liebeshandels traten ihr
vor Augen, sie sah den Abgrund, in den sie sich damit stürzte,
und sie beschloß, ihm auszuweichen.

Aber sie blieb nicht lange bei ihrem Beschluß. Die Fürstin
hatte sich schon fast entschieden, den Ritter von Navarra zu
heiraten; sie war nur noch nicht zufrieden mit der Zuneigung,
die er ihr zeigte; an ihrer eigenen für ihn und an seiner Bemühung, ihr etwas vorzumachen, ermaß sie die Lauheit seiner
Gefühle. Sie beklagte sich darüber bei der Gräfin von Tenda.
Die Gräfin beruhigte sie, aber die Klagen der Fürstin verwirr-
ten sie vollends, denn sie ließen sie die ganze Ungeheuerlich-
keit ihres Verrates erkennen, der ihren Liebhaber vielleicht
das Glück seines Lebens kosten würde. Sie erzählte ihm war-
nend von dem Mißtrauen der Fürstin, aber er zeigte sich
gleichgültig gegenüber allem – außer ihrer Liebe zu ihm.
Immerhin bezwang er sich auf ihren Befehl und beruhigte die
Fürstin von Neufchâtel so vollständig, daß diese der Gräfin
von Tenda ihre volle Zufriedenheit mit dem Ritter von Navarra zeigte.

Da wurde die Gräfin von Eifersucht ergriffen; sie fürchtete,

que son amant n'aimât véritablement la princesse, elle vit toutes les raisons qu'il avait de l'aimer; leur mariage, qu'elle avait souhaité, lui fit horreur; elle ne voulait pourtant pas qu'il le rompît, et elle se trouvait dans une cruelle incertitude; elle laissa voir au chevalier tous ses remords sur la princesse de Neufchâtel; elle résolut seulement de lui cacher sa jalousie, et crut en effet la lui avoir cachée.

La passion de la princesse surmonta enfin toutes ses irrésolutions. Elle se détermina à son mariage, et se résolut de le faire secrètement, et de ne le déclarer que quand il serait fait.

La comtesse de Tende était prête à expirer de douleur. Le même jour qui fut pris pour le mariage, il y avait une cérémonie publique; son mari y assista, elle y envoya toutes ses femmes, elle fit dire qu'on ne la voyait pas, et s'enferma dans son cabinet, couchée sur son lit de repos, et abandonnée à tout ce que les remords, l'amour et la jalousie peuvent faire sentir de plus cruel.

Comme elle était dans cet état, elle entendit ouvrir une porte dérobée de son cabinet, et vit paraître le chevalier de Navarre, paré et d'une grâce au-dessus de ce qu'elle l'avait jamais vu. «Chevalier, où allez-vous? s'écria-t-elle, que cherchez-vous? avez-vous perdu la raison? qu'est devenu votre mariage, et songez-vous à ma réputation? – Soyez en repos de votre réputation, Madame, lui répondit-il; personne ne le peut savoir; il n'est pas question de mon mariage, il ne s'agit plus de ma fortune, il ne s'agit que de votre cœur, Madame, et d'être aimé de vous, je renonce à tout le reste. Vous m'avez laissé voir que vous ne me haïssiez pas, mais

ihr Geliebter liebe die Fürstin wirklich, und sie malte sich alle Gründe aus, die er für diese Liebe hatte; die Heirat der beiden, die sie doch selber gewünscht hatte, war ihr entsetzlich; dennoch wünschte sie nicht, daß er sein Wort breche, und lebte in einer grausamen Ungewißheit. Sie zeigte dem Ritter alle ihre Gewissensbisse wegen der Fürstin von Neufchâtel, war aber entschlossen, ihre Eifersucht vor ihm zu verbergen, und glaubte auch, sie wirklich vor ihm verborgen zu haben.

Schließlich war die Leidenschaft der Fürstin stärker als ihre ganze Unentschlossenheit. Sie entschied sich für die Heirat, und zwar für eine heimliche, die erst bekanntgemacht werden sollte, wenn sie vollzogen war.

Die Gräfin von Tenda war nahe daran, vor Schmerz zu vergehen. An dem für die Hochzeit bestimmten Tage fand eine öffentliche Darbietung statt; ihr Gatte nahm daran teil, und sie schickte alle ihre Damen dorthin, ließ sagen, sie sei nicht zu Hause, schloß sich in ihrem Zimmer ein, streckte sich auf ihr Ruhelager und überließ sich der Reue, der Liebe und der Eifersucht in ihrer grausamsten Gestalt.

Als sie in diesem Zustand dalag, hörte sie eine versteckte Tür ihres Zimmers aufgehen und sah den Ritter von Navarra eintreten, der in seinen Gewändern und in seinem Auftreten schöner war, als sie es je an ihm gesehen hatte. «Ritter, wo geht Ihr hin?» rief sie, «was macht Ihr? Habt Ihr den Verstand verloren? Wie steht es mit Eurer Hochzeit? Denkt an meinen Ruf!» — «Habt keine Angst um Euren Ruf, Madame», erwiderte er, «niemand kann etwas merken. Es geht auch nicht um meine Hochzeit, nicht um meine Zukunft, es geht allein um Euer Herz, Madame, und wenn ich von Euch geliebt werden sollte, verzichte ich auf alles übrige. Ihr habt mich spüren lassen, daß Ihr mich nicht verabscheut, aber Ihr habt vor mir

vous m'avez voulu cacher que je suis assez heureux pour que mon mariage vous fasse de la peine; je viens vous dire, Madame, que j'y renonce, que ce mariage me serait un supplice, et que je ne veux vivre que pour vous: l'on m'attend à l'heure que je vous parle, tout est prêt; mais je vais tout rompre, si, en le rompant, je fais une chose qui vous soit agréable, et qui vous prouve ma passion.»

La comtesse se laissa tomber sur un lit de repos, dont elle s'était relevée à demi, et regardant le chevalier avec des yeux pleins d'amour et de larmes: «Voulez-vous donc que je meure? lui dit-elle. Croyez-vous qu'un cœur puisse contenir tout ce que vous me faites sentir? Quitter à cause de moi la fortune qui vous attend! je n'en puis seulement supporter la pensée: allez à madame la princesse de Neufchâtel, allez à la grandeur qui vous est destinée; vous aurez mon cœur en même temps. Je ferai de mes remords, de mes incertitudes et de ma jalousie, puisqu'il faut vous l'avouer, tout ce que ma faible raison me conseillera; mais je ne vous verrai jamais, si vous n'allez tout à l'heure signer votre mariage; allez, ne demeurez pas un moment; mais, pour l'amour de moi, et pour l'amour de vous-même, renoncez à une passion aussi déraisonnable que celle que vous me témoignez, et qui nous conduira peut-être à d'horribles malheurs.»

Le chevalier fut d'abord transporté de joie de se voir si véritablement aimé de la comtesse de Tende; mais l'horreur de se donner à une autre lui revint devant les yeux; il pleura, il s'affligea, il lui promit tout ce qu'elle voulut, à condition qu'il la reverrait

verbergen wollen, daß ich glücklich genug bin, Euch mit meiner Heirat zu betrüben. Ich komme nun, Madame, um Euch zu sagen, daß ich darauf verzichte, daß diese Heirat für mich eine Marter wäre, und daß ich nur für Euch zu leben begehre. Man erwartet mich in diesem Augenblick, da ich mit Euch spreche; es ist alles gerüstet, aber ich bin bereit, mit allem zu brechen, wenn ich mit diesem Bruch etwas tue, das Euch angenehm ist und Euch meine leidenschaftliche Liebe beweist.»

Die Gräfin ließ sich auf ihr Ruhelager zurücksinken, von dem sie sich halb erhoben hatte, und indem sie ihn mit Augen voller Liebe und Tränen anblickte, sagte sie zu ihm: «Wollt Ihr denn meinen Tod? Glaubt Ihr, ein Herz könnte all die Gefühle fassen, die Ihr mir erregt? Die glorreiche Zukunft, die Euer wartet, um meinetwillen aufgeben! Es ist mir unerträglich, auch nur daran zu denken! Geht zur Fürstin von Neufchâtel, geht zu der Größe, die Euch bestimmt ist – mein Herz wird Euch trotzdem bleiben. Mit meiner Reue, meiner Ungewißheit und meiner Eifersucht, wenn ich sie Euch schon eingestehen muß, werde ich es halten, wie es mir mein schwacher Verstand eingeben wird – aber ich will Euch niemals wiedersehen, wenn Ihr nicht auf der Stelle hingeht und Euren Ehevertrag unterzeichnet. Geht und verweilt nicht einen Augenblick länger! Doch aus Liebe zu mir und aus Liebe zu Euch selber verzichtet auf eine so unsinnige Leidenschaft wie die, die Ihr mir zeigt, und die uns nur schreckliches Leid bringen kann.»

Der Ritter war zunächst ganz verzückt vor Freude, sich von der Gräfin von Tenda so wahrhaft geliebt zu sehen. Aber dann trat ihm die Abscheulichkeit, einer anderen angehören zu sollen, vor Augen; er weinte, er härmte sich, er versprach ihr alles, was sie wollte, wenn er sie nur noch einmal an diesem

encore dans ce même lieu. Elle voulut savoir, avant qu'il sortît, comment il y était entré. Il lui dit qu'il s'était fié à un écuyer qui était à elle, et qui avait été à lui, qu-il l'avait fait passer par la cour des écuries où répondait le petit degré qui menait à ce cabinet, et qui répondait aussi à la chambre de l'écuyer.

Cependant, l'heure du mariage approchait, et le chevalier, pressé par la comtesse de Tende, fut enfin contraint de s'en aller. Mais il alla comme au supplice, à la plus grande et à la plus agréable fortune où un cadet sans bien eût été jamais élevé. La comtesse de Tende passa la nuit, comme on se le peut imaginer, agitée par ses inquiétudes; elle appela ses femmes sur le matin, et, peu de temps après que sa chambre fut ouverte, elle vit son écuyer s'approcher de son lit, et mettre une lettre dessus, sans que personne s'en aperçût. La vue de cette lettre la troubla, et parce qu'elle la reconnut être du chevalier de Navarre, et parce qu'il était si peu vraisemblable que, pendant cette nuit, qui devait avoir été celle de ses noces, il eût eu le loisir de lui écrire, qu'elle craignit qu'il n'eût apporté, ou qu'il ne fût arrivé quelques obstacles à son mariage: elle ouvrit la lettre avec beaucoup d'émotion, et y trouva à peu près ces paroles:

Je ne pense qu'à vous, Madame, je ne suis occupé que de vous, et dans les premiers moments de la possession légitime du plus grand parti de France, à peine le jour commence à paraître, que je quitte la chambre où j'ai passé la nuit, pour vous dire que je me suis déjà repenti mille fois de vous avoir obéi, et de n'avoir pas tout donné pour ne vivre que pour vous.

Ort sehen dürfe. Bevor er ging, wollte sie wissen, wie er her-
eingekommen sei. Er erklärte ihr, er habe sich einem ihrer
Edelknaben anvertraut, die früher bei ihm Dienst getan haben,
und er sei mit ihm durch den Hof bei den Ställen gegangen, auf
den die kleine Treppe münde, die zugleich zu diesem Zimmer
und zur Kammer des Edelknaben führe.

Doch unterdessen rückte die Stunde der Hochzeit heran, und
auf das Drängen der Gräfin von Tenda mußte der Ritter schließlich davongehen. Er ging aber wie zum Schafott zu diesem
größten und erfreulichsten Glück, das einem unvermögenden
Nachgeborenen je widerfahren war. Die Gräfin von Tenda
verbrachte, wie man sich vorstellen kann, die Nacht voller Unruhe und Sorgen. Gegen Morgen rief sie ihre Damen, und bald
nachdem das Schlafgemach geöffnet worden war, sah sie ihren
Edelknaben an ihr Bett treten und, ohne daß es jemand merkte,
einen Brief darauflegen. Der Anblick dieses Briefes machte sie
bestürzt: einerseits erkannte sie, daß er vom Ritter von Navarra stammte, andererseits war es doch unwahrscheinlich, daß
er in dieser Nacht, die seine Hochzeitsnacht hätte sein sollen,
Zeit zum Schreiben gefunden haben sollte. So fürchtete sie,
entweder von ihm selber oder von anderer Seite seien der
Heirat irgendwelche Hindernisse entgegengesetzt worden; sie
öffnete den Brief in großer Erregung und fand darin etwa die
folgenden Worte:

*Ich denke nur an Euch, Madame, ich beschäftige mich nur
mit Euch, und in den ersten Augenblicken des rechtmäßigen
Besitzes an der glänzendsten Partie in Frankreich verlasse ich,
kaum daß der Tag sich erhebt, das Zimmer, in dem ich die
Nacht verbracht habe, um Euch zu sagen, daß ich es schon tau-
sendmal bereut habe, Euch gehorcht und nicht alles hergege-
ben zu haben, um für Euch allein zu leben.*

Cette lettre, et les moments où elle était écrite, touchèrent sensiblement la comtesse de Tende; elle alla dîner chez la princesse de Neufchâtel, qui l'en avait priée. Son mariage était déclaré, elle trouva un nombre infini de personnes dans sa chambre; mais sitôt que cette princesse la vit, elle quitta tout le monde, et la pria de passer dans son cabinet. A peine étaient-elles assises, que le visage de la princesse se couvrit de larmes. La comtesse crut que c'était l'effet de la déclaration de son mariage, et qu'elle la trouvait plus difficile à supporter qu'elle ne l'avait imaginé : mais elle vit bientôt qu'elle se trompait. «Ah! Madame, lui dit la princesse, qu'ai-je fait! J'ai épousé un homme par passion, j'ai fait un mariage inégal, désapprouvé, qui m'abaisse, et celui que j'ai préféré à tout, en aime une autre!» La comtesse de Tende pensa s'évanouir à ces paroles : elle crut que la princesse ne pouvait avoir pénétré la passion de son mari, sans en avoir aussi démêlé la cause; elle ne put répondre. La princesse de Navarre (on l'appela ainsi depuis son mariage) n'y prit pas garde, et continuant : «M. le prince de Navarre, lui dit-elle, Madame, bien loin d'avoir l'impatience que lui devait donner la conclusion de notre mariage, se fit attendre hier au soir; il vint sans joie, l'esprit occupé et embarrassé; il est sorti de ma chambre à la pointe du jour, sur je ne sais quel prétexte. Mais il venait d'écrire; je l'ai connu à ses mains. A qui pouvait-il écrire qu'à une maîtresse? Pourquoi se faire attendre, et de quoi avait-il l'esprit embarrassé?»

L'on vint dans le moment interrompre la conversation, parce que la princesse de Condé arrivait; la

Dieser Brief und der Augenblick, in dem er geschrieben war, berührten die Gräfin von Tenda ganz außerordentlich. Sie ging zum Abendessen zur Fürstin von Neufchâtel, die sie darum gebeten hatte. Die Heirat war bekanntgemacht worden, und sie traf eine Unmenge von Menschen bei ihr an; aber kaum hatte die Fürstin sie erblickt, so verließ sie die Gäste und bat sie, in ihr Zimmer zu kommen. Kaum saßen sie, da bedeckte sich das Antlitz der Fürstin mit Tränen. Die Gräfin glaubte, das sei die Wirkung der Bekanntmachung ihrer Hochzeit, die ihr offenbar schwerer erträglich war, als sie es sich vorgestellt hatte, aber sie erfuhr bald, daß sie im Irrtum war. «Ach, Madame», sagte die Fürstin zu ihr, «was habe ich getan! Ich habe einen Mann aus Liebe geheiratet, ich bin eine ungleiche, von der Welt mißbilligte, erniedrigende Ehe eingegangen, und er, den ich allen vorgezogen habe, liebt eine andere!» Die Gräfin von Tenda glaubte bei diesen Worten in Ohnmacht zu fallen: sie meinte, die Fürstin könne die Leidenschaft ihres Gemahls nicht entdeckt haben, ohne zugleich deren Ursprung zu erkennen; sie vermochte nicht zu antworten. Die Fürstin von Navarra, wie man sie seit ihrer Heirat anredete, aber achtete nicht darauf, sondern fuhr fort: «Madame, der Fürst von Navarra, weit entfernt, die Ungeduld zu zeigen, die ihm der Abschluß unseres Ehebundes hätte einflößen sollen, ließ gestern abend auf sich warten; er kam dann unfroh und zeigte sich bedrückt und verwirrt. Bei Tagesanbruch hat er unter irgendeinem Vorwand mein Zimmer verlassen. Aber er muß geschrieben haben, das habe ich an seinen Händen gesehen. An wen sollte er schreiben, wenn nicht an eine Geliebte? Warum hatte er auf sich warten lassen, was hatte ihm den Sinn so verwirrt?»

In diesem Augenblick wurde das Gespräch unterbrochen, weil die Fürstin von Condé gekommen war; die Fürstin von

princesse de Navarre alla la recevoir, et la comtesse de
Tende demeura hors d'elle-même.

Elle écrivit dès le soir au prince de Navarre, pour
lui donner avis des soupçons de sa femme, et pour
l'obliger à se contraindre. Leur passion ne s'alentit
point par les périls et par les obstacles; la comtesse de
Tende n'avait point de repos, et le sommeil ne venait
plus adoucir ses chagrins.

Un matin, après qu'elle eut appelé ses femmes, son
écuyer s'approcha d'elle, et lui dit tout bas que le prince
de Navarre était dans son cabinet, et qu'il la conjurait
qu'il lui pût dire une chose qu'il était absolument
nécessaire qu'elle sût. L'on cède aisément à ce qui
plaît : la comtesse savait que son mari était sorti, elle
dit qu'elle voulait dormir, et dit à ses femmes de
refermer ses portes, et de ne point revenir qu'elle ne
les appelât.

Le prince de Navarra entra par ce cabinet, et se jeta
à genoux devant son lit. «Qu'avez-vous à me dire? lui
dit-elle. — Que je vous aime, Madame, que je vous
adore, que je ne saurais vivre avec madame de Navarre; le désir de vous voir s'est saisi de moi ce matin
avec une telle violence, que je n'ai pu y résister. Je suis
venu ici au hasard de tout ce qui pourrait en arriver,
et sans espérer même de vous entretenir.» La comtesse
le gronda d'abord de la commettre si légèrement et
ensuite leur passion les conduisit à une conversation si
longue, que le comte de Tende revint de la ville. Il
alla à l'appartement de sa femme; on lui dit qu'elle
n'était pas éveillée; il était tard; il ne laissa pas d'entrer
dans sa chambre, et trouva le prince de Navarre à

Navarra ging, um sie zu empfangen, und die Gräfin von Tenda blieb ganz verstört zurück.

Sie schrieb noch am gleichen Abend an den Fürsten von Navarra, um ihn auf den Verdacht seiner Gemahlin aufmerksam zu machen und ihn zur Mäßigung zu veranlassen. Aber ihre Leidenschaft ließ nicht nach, allen Gefahren und Hindernissen zum Trotz, und kein Schlaf kam mehr, um ihren Kummer zu lindern.

Als sie eines Morgens ihre Damen gerufen hatte, trat ihr Edelknabe zu ihr und sagte ganz leise, der Fürst von Navarra sei in ihrem Gemach und flehe sie an, ihr etwas sagen zu dürfen, das sie unbedingt wissen müsse. Man gibt gern nach, wenn einem darum zu tun ist. So auch die Gräfin: sie wußte, daß ihr Gemahl ausgegangen war, sagte, sie wolle schlafen, und befahl ihren Damen, die Türen wieder zu schließen und nicht wieder hereinzukommen, bevor man sie rufen würde.

Der Fürst von Navarra trat ein durch das Gemach und warf sich vor ihrem Bett auf die Knie. «Was habt Ihr mir zu sagen?» fragte sie ihn. «Daß ich Euch liebe, Madame, daß ich Euch anbete, daß ich nicht länger mit Madame von Navarra leben kann; die Sehnsucht, Euch zu sehen, hat mich heute morgen mit solcher Heftigkeit gepackt, daß ich nicht zu widerstehen vermochte. Ich bin hierher gekommen auf die Gefahr, daß alles Mögliche daraus entstehen könnte, und sogar ohne zu hoffen, mit Euch sprechen zu können.» Die Gräfin schalt ihn erst, daß er sie so leichtfertig ins Gerede bringe, aber dann führte ihre Liebe sie in ein so langes Gespräch, daß der Graf von Tenda unterdessen aus der Stadt zurückkam. Er begab sich zu den Gemächern seiner Gemahlin. Man sagte ihm, sie sei nicht wach, aber es war schon spät, und er ging trotzdem in ihr Zimmer und fand den Fürsten von Navarra auf den Knien vor ihrem

genoux devant son lit, comme il s'était mis d'abord. Jamais étonnement ne fut pareil à celui du comte de Tende, et jamais trouble n'égala celui de sa femme. Le prince de Navarre conserva seul de la présence d'esprit, et sans se troubler ni se lever de la place: «Venez, venez, dit-il au comte de Tende, m'aider à obtenir une grâce que je demande à genoux et que l'on me refuse.»

Le ton et l'air du prince de Navarre suspendirent l'étonnement du comte de Tende. «Je ne sais, lui répondit-il du même ton qu'avait parlé le prince, si une grâce que vous demandez à genoux à ma femme, quand on dit qu'elle dort, et que je vous trouve seul avec elle, et sans carrosse à ma porte, sera de celles que je souhaiterai qu'elle vous accorde.» Le prince de Navarre, rassuré et hors de l'embarras du premier moment, se leva, s'assit avec une liberté entière, et la comtesse de Tende, tremblante et éperdue, cacha son trouble par l'obscurité du lieu où elle était. Le prince de Navarre prit la parole: «Vous m'allez blâmer; mais il faut néanmoins me secourir: je suis amoureux et aimé de la plus aimable personne de la cour; je me dérobai hier au soir de chez la princesse de Navarre et de tous mes gens, pour aller à un rendez-vous où cette personne m'attendait. Ma femme, qui a déjà démêlé que je suis occupé d'autre chose que d'elle, et qui a de l'attention à ma conduite, a su par mes gens que je les avais quittés; elle est dans une jalousie et un désespoir dont rien n'approche. Je lui ai dit que j'avais passé les heures qui lui donnaient de l'inquiétude chez la maréchale de Saint-André, qui est incommodée,

Bett, also noch in der anfänglichen Stellung. Es ist wohl noch niemals jemand so erstaunt gewesen wie der Graf von Tenda und so verwirrt wie seine Gemahlin. Nur der Fürst von Navarra behielt seine Geistesgegenwart und sagte zum Grafen von Tenda, ohne sich aufzuregen oder sich von seinem Platz zu erheben: «Kommt, kommt, Ihr könnt mir helfen, eine Gunst zu erlangen, die ich auf den Knien erflehe, und die man mir doch abschlagen will.»

Sprechweise und Gebärde des Fürsten von Navarra setzten dem Erstaunen des Grafen von Tenda ein Ende. «Ich weiß nicht», erwiderte er im selben Ton wie der Fürst, «ob eine Gunst, die Ihr auf den Knien von meiner Gemahlin erbittet, wenn es heißt, sie schläft, und wenn ich Euch mit Ihr allein antreffe, noch dazu ohne Kutsche vor der Tür, zu denen gehört, die ich sie Euch gern gewähren sehen würde.» Der Fürst von Navarra war jetzt beruhigt und hatte die Verwirrung des ersten Augenblicks abgelegt; er stand auf, setzte sich mit völliger Unbefangenheit, und die zitternde, fassungslose Gräfin von Tenda verbarg ihre Bestürzung in der Dunkelheit ihrer Nische. Der Fürst von Navarra ergriff das Wort: «Ihr werdet mich tadeln, aber Ihr müßt mir dennoch helfen: ich liebe die reizendste Person am Hofe und werde von ihr geliebt; gestern abend habe ich mich von der Fürstin von Navarra und von allen meinen Leuten fortgestohlen, um zu einem Stelldichein zu gehen, wo die Dame mich erwartete. Meine Gemahlin, die schon herausbekommen hat, daß ich mich nicht um sie allein bekümmere, und die über meinen Lebenswandel wacht, hat von meinen Leuten erfahren, daß ich mich von ihnen entfernt hätte; sie ist so voller Eifersucht und Verzweiflung, daß es nicht zu sagen ist. Ich habe ihr erzählt, daß ich die Stunden, die sie beunruhigten, bei der Marschallin von Saint-André ver-

et qui ne voit presque personne; je lui ai dit que madame la comtesse de Tende y était seule, et qu'elle pouvait lui demander si elle ne m'y avait pas vu tout le soir. J'ai pris le parti de venir me confier à madame la comtesse. Je suis allé chez La Châtre, qui n'est qu'à trois pas d'ici, j'en suis sorti sans que mes gens m'aient vu, et l'on m'a dit que madame était éveillée; je n'ai trouvé personne dans son antichambre, et je suis entré hardiment. Elle me refuse de mentir en ma faveur; elle dit qu'elle ne veut pas trahir son amie, et me fait des réprimandes très sages : je me les suis faites à moi-même inutilement. Il faut ôter à madame la princesse de Navarre l'inquiétude et la jalousie où elle est, et me tirer du mortel embarras de ses reproches.»

La comtesse de Tende ne fut guère moins surprise de la présence d'esprit du prince, qu'elle l'avait été de la venue de son mari; elle se rassura, et il ne demeura pas le moindre doute au comte. Il se joignit à sa femme, pour faire voir au prince l'abîme de malheurs où il s'allait plonger, et ce qu'il devait à cette princesse : la comtesse promit de lui dire tout ce que voulait son mari.

Comme il allait sortir, le comte l'arrêta : «Pour récompense du service que nous vous allons rendre aux dépens de la vérité, apprenez-nous du moins quelle est cette aimable maîtresse. Il faut que ce ne soit pas une personne fort estimable de vous aimer, et conserver avec vous un commerce, vous voyant embarqué avec une personne aussi belle que madame la princesse de Navarre, vous la voyant épouser, et voyant ce que vous lui devez. Il faut que cette personne n'ait ni esprit, ni

bracht habe, die unpäßlich ist und fast niemanden empfängt;
ich habe ihr gesagt, daß nur die Frau Gräfin von Tenda zu-
gegen gewesen sei, und daß sie die fragen könne, ob sie mich
nicht den ganzen Abend lang dort gesehen habe. Nun habe ich
beschlossen, mich der Frau Gräfin anzuvertrauen. Ich bin zu
La Châtre gegangen, das ist ja nur drei Schritte von hier, und
bin von dort fort, ohne daß meine Leute mich gesehen haben.
Man hat mir gesagt, Madame sei wach, im Vorzimmer habe
ich niemanden angetroffen, und so bin ich keck hineingegan-
gen. Aber sie weigert sich, für mich zu lügen; sie sagt, sie
wolle ihre Freundin nicht verraten, und macht mir sehr weise
Vorhaltungen, die ich mir allerdings schon selber vergebens
gemacht habe. Wir müssen die Fürstin von Navarra von ihrer
augenblicklichen Unruhe und Eifersucht befreien und mich aus
der tödlichen Bedrängnis, in der ich durch ihre Vorwürfe bin.»

Die Gräfin von Tenda war von der Geistesgegenwart des
Fürsten kaum weniger überrascht als zuvor vom Eintreffen
ihres Gemahls; aber sie beruhigte sich, und dem Grafen blieb
nicht der leiseste Verdacht. Er ergriff die Partei seiner Frau
und stellte dem Fürsten den ganzen Abgrund des Unglücks vor,
in den er stürzen werde, und auch, was er der Fürstin verdanke. Die Gräfin versprach, ihr alles zu sagen, was ihr Gemahl
wünschen würde.

Als er sich zum Gehen anschickte, hielt ihn der Graf zurück:
«Zum Dank für den Dienst, den wir Euch auf Kosten der
Wahrheit leisten werden, solltet Ihr uns jedenfalls verraten,
wer diese reizende Geliebte ist. Es muß eigentlich eine nicht
sehr achtenswerte Dame sein, wenn sie Euch liebt und weiter
mit Euch verkehrt, obwohl sie doch sieht, wie Ihr um eine so
schöne Dame wie die Fürstin von Navarra freit, sie heiratet und
ihr so viel verdankt. Es muß demnach eine Person ohne Geist,

courage, ni délicatesse; et en vérité elle ne mérite pas que vous troubliez un aussi grand bonheur que le vôtre, et que vous vous rendiez si ingrat et si coupable.» Le prince ne sut que répondre; il feignit d'avoir hâte. Le comte de Tende le fit sortir lui-même, afin qu'il ne fût pas vu.

La comtesse demeura éperdue du hasard qu'elle avait couru, des réflexions que lui faisaient faire les paroles de son mari, et de la vue des malheurs où sa passion l'exposait; mais elle n'eut pas la force de s'en dégager. Elle continua son commerce avec le prince, elle le voyait quelquefois par l'entremise de La Lande son écuyer. Elle se trouvait et était en effet une des plus malheureuses personnes du monde. La princesse de Navarre lui faisait tous les jours confidence d'une jalousie dont elle était la cause: cette jalousie la pénétrait de remords, et quand la princesse de Navarre était contente de son mari, elle-même était pénétrée de jalousie à son tour.

Il se joignit un nouveau tourment à ceux qu'elle avait déjà: le comte de Tende devint aussi amoureux d'elle que si elle n'eût point été sa femme; il ne la quittait plus, et voulait reprendre tous ses droits méprisés.

La comtesse s'y opposa avec une force et une aigreur qui allaient jusqu'au mépris; prévenue pour le prince de Navarre, elle était blessée et offensée de toute autre passion que de la sienne. Le comte de Tende sentit son procédé dans toute sa dureté; et piqué jusqu'au vif, il l'assura qu'il ne l'importunerait de la vie; et en effet, il la laissa avec beaucoup de sécheresse.

ohne Mut und ohne Takt sein; wirklich, sie ist es nicht wert, daß Ihr um ihretwillen ein so großes Glück wie das Eure in Gefahr bringt und Euch so undankbar erweist und schuldig macht.» Der Fürst wußte darauf nichts zu erwidern; er tat so, als habe er es eilig. Der Graf von Tenda begleitete ihn selbst aus dem Haus, damit er nicht gesehen werde.

Die Gräfin war zunächst ganz bestürzt wegen der Gefahr, in der sie geschwebt hatte, wegen der Bedenken, die ihr die Worte ihres Gemahls einflößten, und angesichts des Unglücks, dem sie sich aussetzte – aber sie fand nicht die Kraft, sich von ihrer Leidenschaft zu lösen. Sie verkehrte weiter mit dem Fürsten, mehrmals traf sie mit ihm durch die Vermittlung ihres Edelknaben La Lande zusammen. Wirklich, sie war eine der Unglücklichsten auf dieser Welt: die Fürstin von Navarra vertraute ihr täglich eine Eifersucht an, die sie verursacht hatte, und die sie mit Reue erfüllte, und wenn die Fürstin von Navarra mit ihrem Gemahl zufrieden war, wurde sie selber von Eifersucht erfüllt.

Und zu den Qualen, die sie schon litt, gesellte sich eine weitere: der Graf von Tenda entbrannte zu ihr derart in Liebe, als sei sie nicht seine Frau; er wich nicht mehr von ihrer Seite und wollte in alle seine vernachlässigten Rechte wieder eintreten.

Die Gräfin verweigerte ihm das mit einem Nachdruck und mit einer Schärfe, die an Verachtung grenzten; sie war so für den Fürsten von Navarra eingenommen, daß die Leidenschaft jedes anderen sie verletzte und beleidigte. Der Graf von Tenda bekam ihr Verhalten in aller Härte zu spüren, und zutiefst gekränkt versicherte er ihr, er werde sie nie im Leben mehr belästigen; tatsächlich ließ er auch mit aller Schroffheit von ihr ab.

La campagne s'approchait; le prince de Navarre devait partir pour l'armée; la comtesse de Tende commença à sentir les douleurs de son absence, et la crainte des périls où il serait exposé. Elle résolut de se dérober à la contrainte de cacher sans cesse son affliction, et prit le parti d'aller passer la belle saison dans une terre qu'elle avait à trente lieues de Paris.

Elle exécuta ce qu'elle avait projeté: leur adieu fut si douloureux, qu'ils en devaient tirer l'un et l'autre un mauvais augure. Le comte de Tende demeura auprès du Roi, où il était attaché par sa charge.

La cour devait s'approcher de l'armée: la maison de madame de Tende n'en était pas bien loin; son mari lui dit qu'il y ferait un voyage d'une nuit seulement, pour des ouvrages qu'il avait commencés. Il ne voulut pas qu'elle pût croire que c'était pour la voir; il avait contre elle tout le dépit que donnent les passions.

Madame de Tende avait trouvé dans les commencements le prince de Navarre si plein de respect, et elle s'était senti tant de vertu, qu'elle ne s'était défiée ni de lui, ni d'elle-même; mais le temps et les occasions avaient triomphé de sa vertu et du respect, et peu de temps après qu'elle fut chez elle, elle s'aperçut qu'elle était grosse. Il ne faut que faire réflexion à la réputation qu'elle avait acquise et conservée, et à l'état où elle était avec son mari, pour juger de son désespoir. Elle fut prête plusieurs fois d'attenter à sa vie: cependant elle conçut quelque légère espérance sur le voyage que son mari devait faire auprès d'elle, et résolut d'en attendre le succès. Dans cet accablement, elle eut encore la douleur d'apprendre que La Lande, qu'elle

Der Feldzug rückte heran, und der Fürst von Navarra mußte zur Armee ins Feld ziehen; die Gräfin von Tenda spürte im vorhinein den Schmerz über seine Abwesenheit und die Angst wegen der Gefahren, denen er ausgesetzt sein würde. Sie wollte sich dem Zwang entziehen, ihre Betrübnis dauernd verbergen zu müssen, und beschloß, die schöne Jahreszeit auf einem ihrer Landsitze dreißig Meilen von Paris zu verbringen.

Und sie führte aus, was sie sich vorgenommen hatte. Ihr Abschied war so schmerzlich, daß sie beide daraus eine schlechte Vorbedeutung entnahmen. Der Graf von Tenda blieb im Gefolge des Königs, wo ihn sein Amt festhielt.

Der Hof wurde in die Nähe der Armee verlegt. Der Landsitz von Madame von Tenda war nicht weit davon entfernt, und ihr Gemahl ließ ihr sagen, er werde für nur eine Nacht das Haus besuchen, und zwar wegen Bauarbeiten, die er dort begonnen habe. Er wünschte nicht, daß sie glaubte, er komme ihretwegen; er hatte gegen sie den ganzen Unwillen, wie ihn die Leidenschaft verursacht.

Madame von Tenda hatte anfänglich den Fürsten von Navarra so zurückhaltend erlebt und sich selber so tugendhaft geglaubt, daß sie weder ihm noch sich mißtraut hatte; aber Zeit und Gelegenheit hatten über ihre Tugend und seine Zurückhaltung den Sieg davongetragen, und sie hielt sich noch nicht lange auf ihrem Landsitz auf, da bemerkte sie, daß sie schwanger war. Man braucht nur zu bedenken, welchen hohen Ruf sie erworben und bewahrt hatte und wie sie zu ihrem Gemahl stand, um ihre Verzweiflung zu ermessen. Mehr als einmal war sie drauf und dran, ihrem Leben ein Ende zu setzen. Sie schöpfte aber ein wenig Hoffnung aus der Reise, die ihr Gemahl zu ihr machen wollte, und beschloß, deren Erfolg abzuwarten. In dieser Betrübnis erhielt sie auch noch die schmerz-

avait laissé à Paris pour les lettres de son amant et les
siennes, était mort en peu de jours, et elle se trouvait
dénuée de tout secours, dans un temps où elle en avait
tant de besoin.

Cependant, l'armée avait entrepris un siège. Sa
passion pour le prince de Navarre lui donnait de con-
tinuelles craintes, même au travers des mortelles hor-
reurs dont elle était agitée.

Ses craintes ne se trouvèrent que trop bien fondées:
elle reçut des lettres de l'armée. Elle y apprit la fin du
siège; mais elle apprit aussi que le prince de Navarre
avait été tué le dernier jour. Elle perdit la connaissance
et la raison; elle fut plusieurs fois privée de l'une et
de l'autre; cet excès de malheur lui paraissait dans des
moments une espèce de consolation; elle ne craignait
plus rien pour son repos, pour sa réputation, ni pour
sa vie; la mort seule lui paraissait désirable; elle
l'espérait de sa douleur, ou était résolue de se la donner.
Un reste de honte l'obligea à dire qu'elle sentait des
douleurs excessives, pour donner un prétexte à ses cris,
et à ses larmes. Si mille adversités la firent retourner
sur elle-même, elle vit qu'elle les avait méritées; et la
nature et le christianisme la détournèrent d'être homi-
cide d'elle-même, et suspendirent l'exécution de ce
qu'elle avait résolu.

Il n'y avait pas longtemps qu'elle était dans ces violentes douleurs, lorsque le comte de Tende arriva: elle
croyait connaître tous les sentiments que son malheureux
état lui pouvait inspirer; mais l'arrivée de son mari
lui donna encore un trouble et une confusion qui lui
fut nouvelle. Il sut en arrivant qu'elle était malade;

liche Nachricht, daß La Lande, den sie zur Vermittlung ihrer Briefe und der ihres Geliebten in Paris gelassen hatte, innerhalb weniger Tage gestorben war. So war sie jedes Beistands bar, und das zu einer Zeit, da sie dessen so sehr bedurft hätte.

Unterdessen hatte die Armee eine Belagerung unternommen. Ihre Liebe zum Fürsten von Navarra ließ sie trotz der tödlichen Bedrängnis, in der sie sich befand, ständig in Angst um ihn schweben.

Ihre Angst erwies sich als nur allzu begründet: sie bekam Briefe von der Armee. Darin wurde ihr das Ende der Belagerung gemeldet, aber auch, daß der Fürst von Navarra am letzten Tag gefallen sei. Sie verlor die Besinnung und den Verstand, mehr als einmal war sie beider beraubt. Zu Zeiten erschien ihr dieses Übermaß des Unglücks als eine Art Tröstung: sie fürchtete nicht mehr für ihre Seelenruhe, ihren Ruf, ihr Leben. Der Tod allein schien ihr wünschenswert, sie sehnte ihn in ihrem Schmerz herbei oder war entschlossen, ihn sich selber zu geben. Ein Rest von Schamgefühl veranlaßte sie, zu erklären, sie verspüre unerträgliche Schmerzen: nur so konnte sie einen Vorwand für ihre Schreie und ihre Tränen geben. Tausend Nöte bedrängten sie, der Kopf wirbelte ihr davon, aber sie sah, daß sie selber die Schuld daran trug. Sowohl die Natur als auch der Christenglaube brachten sie vom Selbstmord ab und ließen sie die Ausführung ihres Entschlusses aufschieben.

Sie war noch nicht lange diesem schlimmen Kummer ausgesetzt, als der Graf von Tenda eintraf. Sie glaubte alle Gefühle kennengelernt zu haben, die ihr leidiger Umstand ihr einflößte, aber die Ankunft ihres Gemahls bedeutete für sie eine angstvolle Verwirrung, die ihr neu war. Als er eintraf, wurde ihm mitgeteilt, sie sei krank, und da er vor der Welt und vor seiner

et comme il avait toujours conservé des mesures d'honnêteté aux yeux du public et de son domestique, il vint
d'abord dans sa chambre. Il la trouva comme une personne hors d'elle-même, comme une personne égarée,
et elle ne put retenir ses larmes, qu'elle attribuait
toujours aux douleurs qui la tourmentaient. Le comte
de Tende, touché de l'état où il la voyait, s'attendrit
pour elle, et croyant faire quelque diversion à ses douleurs, il lui parla de la mort du prince de Navarre, et
de l'affliction de sa femme.

Celle de madame de Tende ne put résister à ce
discours; ses larmes redoublèrent d'une telle sorte, que
le comte de Tende en fut surpris, et presque éclairé. Il
sortit de sa chambre plein de trouble et d'agitation; il
lui sembla que sa femme n'était pas dans l'état que cau-
sent les douleurs du corps; ce redoublement de larmes,
lorsqu'il lui avait parlé de la mort du prince de Navarre, l'avait frappé; et tout d'un coup, l'aventure de
l'avoir trouvé à genoux devant son lit, se présenta à
son esprit. Il se souvint du procédé qu'elle avait eu avec
lui, lorsqu'il avait voulu retourner à elle, et enfin il
crut voir la vérité; mais il lui restait néanmoins ce
doute que l'amour-propre nous laisse toujours pour les
choses qui coûtent trop cher à croire.

Son désespoir fut extrême, et toutes ses pensées furent
violentes; mais comme il était sage, il retint ses premiers mouvements, et résolut de partir le lendemain à
la pointe du jour sans voir sa femme, remettant au
temps à lui donner plus de certitude, et à prendre ses
résolutions.

Quelque abîmée que fût Madame de Tende dans sa

Dienerschaft von jeher auf gehörigen Anstand gehalten hatte, begab er sich sogleich in ihr Zimmer. Er traf sie an wie ein der Sinne beraubtes, wie ein gänzlich verwirrtes Wesen, und sie konnte auch die Tränen nicht zurückhalten, welche sie wiederum mit den Schmerzen erklärte, die sie peinigten. Der Graf von Tenda war betroffen von dem Zustand, in dem er sie vorfand; sie dauerte ihn, und um sie ein wenig von ihren Schmerzen abzulenken, erzählte er ihr vom Tod des Fürsten von Navarra und auch von der tiefen Trauer seiner Gemahlin.

Aber die Trauer von Madame von Tenda war dieser Rede nicht gewachsen. Die Tränen flossen so viel stärker, daß es den Grafen von Tenda überraschte und schon beinahe aufklärte. Höchst verwirrt und erregt verließ er das Zimmer; es schien ihm, als sei seine Gemahlin nicht in einem Zustand, wie ihn körperliche Schmerzen hervorriefen: das plötzliche Zunehmen der Tränen, als er ihr vom Tod des Fürsten von Navarra erzählt hatte, war ihm aufgefallen, und plötzlich kam ihm der Auftritt, als er ihn auf den Knien vor ihrem Bett angetroffen hatte, in den Sinn. Er erinnerte sich an ihr Verhalten gegen ihn, als er sich ihr wieder zuwenden wollte, und endlich glaubte er die Wahrheit entdeckt zu haben. Immerhin blieb ihm noch der Zweifel, den uns die Eigenliebe stets läßt, wenn es uns zu schwer fällt, an etwas zu glauben.

Seine Verzweiflung war sehr groß und alle seine Gedanken wild und heftig. Als besonnener Mann gab er diesen Regungen jedoch nicht nach, sondern beschloß, am anderen Morgen bei Tagesanbruch abzureisen, ohne seine Gemahlin noch einmal zu sehen, und es der Zeit zu überlassen, ihm bessere Gewißheit zu geben, um dann seine Entschlüsse zu fassen.

So sehr Madame von Tenda in ihren Schmerz versunken

douleur, elle n'avait pas laissé de s'apercevoir du peu
de pouvoir qu'elle avait eu sur elle-même, et de l'air
dont son mari était sorti de sa chambre; elle se douta
d'une partie de la vérité; et, n'ayant plus que de
l'horreur pour la vie, elle résolut de la perdre d'une
manière qui ne lui ôtât pas l'espérance de l'autre.

Après avoir examiné ce qu'elle allait faire, avec des
agitations mortelles, pénétrée de ses malheurs et du
repentir de sa faute, elle se détermina enfin à écrire ces
mots à son mari:

*Cette lettre me va coûter la vie; mais je mérite la
mort, et je la désire. Je suis grosse; celui qui est la
cause de mon malheur n'est plus au monde, aussi bien
que le seul homme qui savait notre commerce; le public
ne l'a jamais soupçonné. J'avais résolu de finir ma vie
par mes mains; mais je l'offre à Dieu et à vous, pour
l'expiation de mon crime. Je n'ai pas voulu me dés-
honorer aux yeux du monde, parce que ma réputation
vous regarde; conservez-la pour l'amour de vous: je
vais faire paraître l'état où je suis; cachez-en la honte,
et faites-moi périr, quand vous voudrez, et comme vous
le voudrez.*

Je jour commençait à paraître, lorsqu'elle eut écrit
cette lettre, la plus difficile à écrire qui ait peut-être
jamais été écrite; elle la cacheta, se mit à la fenêtre,
et comme elle vit le comte de Tende dans la cour prêt
à monter en carrosse, elle envoya une de ses femmes
la lui porter, et lui dire qu'il n'y avait rien de pressé,
et qu'il la lût à loisir. Le comte de Tende fut surpris
de cette lettre; elle lui donna une sorte de pressenti-
ment, non pas de tout ce qu'il y devait trouver, mais

war, hatte sie doch sehr wohl gemerkt, wie wenig sie ihrer mächtig gewesen war und mit welchem Ausdruck ihr Gemahl ihr Zimmer verlassen hatte; sie ahnte einen Teil der Wahrheit, und da sie für das Leben nur noch Abscheu empfand, beschloß sie, es auf eine Weise zu verlieren, die ihr die Hoffnung auf das andere Leben nicht raubte.

Nachdem sie bedacht hatte, was sie tun sollte, rang sie sich endlich mit tödlicher Erregung, ganz erfüllt von ihrem Leiden und von der Reue über ihren Fehltritt, dazu durch, ihrem Gemahl folgende Worte zu schreiben:

Dieser Brief wird mich das Leben kosten, aber ich verdiene den Tod und sehne ihn herbei. Ich bin schwanger. Er, der mein Unglück verursacht hat, ist nicht mehr auf der Welt, und ebensowenig der einzige Mensch, der von unserem Umgang gewußt hat; die Öffentlichkeit hat nie etwas davon geahnt. Ich war entschlossen, mein Leben selber zu endigen; aber ich lege es in Gottes und in Eure Hände, um mein Verbrechen zu sühnen. Ich habe mich vor der Welt nicht entehren wollen, weil mein Ruf auch Euch betrifft: erhaltet ihn um Eurer selbst willen. Ich werde den Zustand, in dem ich mich befinde, bald zeigen müssen; erspart Euch diese Beschämung und laßt mich den Tod finden, wann und auf welche Weise Ihr wollt.

Das Licht des Tages kam schon herauf, als sie diesen Brief geschrieben hatte, vielleicht der schwierigste, der je geschrieben worden ist. Sie siegelte ihn, stellte sich ans Fenster, und als sie den Grafen von Tenda im Hof zum Einsteigen in die Kutsche bereit sah, schickte sie eine ihrer Damen hinunter, um ihm den Brief zu bringen und ihm zu sagen, es habe keine Eile damit, er möge ihn in Ruhe lesen. Der Graf von Tenda war von diesem Brief überrascht, der ihm eine Art Vorgefühl gab: zwar nicht von dem, was er darin finden sollte, aber von etwas, das

de quelque chose qui avait rapport à ce qu'il avait pensé la veille. Il monta seul en carrosse, plein de trouble, et n'osant même ouvrir la lettre, quelque impatience qu'il eût de la lire. Il la lut enfin, et apprit son malheur, mais que ne pensa-t-il point après l'avoir lue! S'il eût eu des témoins, le violent état où il était l'aurait fait croire privé de raison, ou prêt de perdre la vie. La jalousie et les soupçons bien fondés préparent d'ordinaire les maris à leur malheur, ils ont même toujours quelques doutes, mais ils n'ont pas cette certitude que donne l'aveu, qui est au-dessus de nos lumières.

Le comte de Tende avait toujours trouvé sa femme très aimable, quoiqu'il ne l'eût pas également aimée; mais elle lui avait toujours paru la plus estimable femme qu'il eût jamais vue; ainsi il n'avait pas moins d'étonnement que de fureur; et au travers de l'un et de l'autre, il sentait encore malgré lui une douleur où la tendresse avait quelque part.

Il s'arrêta dans une maison qui se trouva sur son chemin, où il passa plusieurs jours, agité et affligé, comme on peut se l'imaginer. Il pensa d'abord tout ce qu'il était naturel de penser en cette occasion; il ne songea qu'à faire mourir sa femme; mais la mort du prince de Navarre, et celle de La Lande, qu'il reconnut aisément pour le confident, ralentit un peu sa fureur. Il ne douta pas que sa femme ne lui eût dit vrai, en lui disant que son commerce n'avait jamais été soupçonné; il jugea que le mariage du prince de Navarre pouvait avoir trompé tout le monde, puisqu'il avait été trompé lui-même. Après une conviction si grande que celle qui

eine Beziehung hatte zu dem, was er am Tage zuvor bedacht hatte. Er stieg voller Verwirrung allein in die Kutsche und wagte es nicht einmal, den Brief zu öffnen, so gespannt er auch darauf war, ihn zu lesen. Endlich las er ihn und erfuhr von seinem Unglück. Und was für Gedanken bestürmten ihn, als er ihn gelesen hatte! Wenn er Zeugen gehabt hätte, wäre er in seinem aufgewühlten Zustand als der Sinne beraubt oder dem Tode nahe erschienen. Eifersucht und wohlbegründete Zweifel bereiten die Ehemänner gewöhnlich auf ihr Unglück vor, sie haben auch immer den einen oder anderen Verdacht, aber sie haben nicht die Gewißheit, wie sie das Geständnis gibt, das unseren Verstand übersteigt.

Der Graf von Tenda hatte seine Gemahlin stets als liebenswert betrachtet, obwohl er sie nicht stets gleich geliebt hatte; sie war ihm aber stets als die ehrenwerteste Frau erschienen, die er je gesehen hatte. Er empfand deshalb mindestens so viel Erstaunen wie Zorn, und beides ließ ihn gegen seinen Willen einen Schmerz spüren, an dem auch die Zuneigung ihren Anteil hatte.

Er blieb in einem Hause, das sich am Wege fand, und verbrachte dort mehrere Tage erregt und betrübt, wie man sich wohl vorstellen kann. Er dachte erst an alles, was man in dieser Lage ganz natürlich denkt. Er wollte seiner Gemahlin unbedingt den Tod geben, aber der Tod des Fürsten von Navarra und der La Landes, in dem er ohne Mühe den Vertrauten erkannte, besänftigte seine Wut ein wenig. Er zweifelte nicht daran, daß seine Gemahlin ihm die Wahrheit gesagt hatte: es habe niemand von ihrem Umgang gewußt. Er kam zu dem Schluß, daß die Hochzeit des Fürsten von Navarra jedermann getäuscht haben mußte, wenn sie sogar ihn getäuscht hatte. Nach einem so überzeugenden Beweis wie dem, den er vor

s'était présentée à ses yeux, cette ignorance entière du public pour son malheur lui fut un adoucissement ; mais les circonstances qui lui faisaient voir à quel point et de quelle manière il avait été trompé, lui perçaient le cœur, et il ne respirait que la vengeance. Il pensa néanmoins que s'il faisait mourir sa femme et que l'on s'aperçût qu'elle fût grosse, l'on soupçonnerait aisément la vérité. Comme il était l'homme du monde le plus glorieux, il prit le parti qui convenait le mieux à sa gloire, et résolut de ne rien laisser voir au public. Dans cette pensée, il envoya un gentilhomme à la comtesse de Tende, avec ce billet :

Le désir d'empêcher l'éclat de ma honte l'emporte présentement sur ma vengeance ; je verrai dans la suite ce que j'ordonnerai de votre indigne destinée ; conduisez-vous comme si vous aviez toujours été ce que vous deviez être.

La comtesse reçut ce billet avec joie ; elle le croyait l'arrêt de sa mort ; et quand elle vit que son mari consentait qu'elle laissât paraître sa grossesse, elle sentit bien que la honte est la plus violente de toutes les passions : elle se trouva dans une sorte de calme de se croire assurée de mourir, et de voir sa réputation en sûreté. Elle ne songea plus qu'à se préparer à la mort, et comme c'était une personne dont tous les sentiments étaient vifs, elle embrassa la vertu et la pénitence avec la même ardeur qu'elle avait suivi sa passion. Son âme était d'ailleurs détrempée et noyée dans l'affliction ; elle ne pouvait arrêter les yeux sur aucune chose de cette vie, qui ne lui fût plus rude que la mort même ; de sorte qu'elle ne voyait de remède à ses malheurs

Augen gehabt hatte, war diese völlige Unkenntnis der Öffentlichkeit über sein Unglück eine Erleichterung für ihn. Aber die Umstände, die ihm deutlich machten, wie sehr und auf welche Weise er betrogen worden war, trafen ihn ins Herz, und er trug sich nur noch mit Rache. Immerhin bedachte er, daß wenn er seine Gemahlin umbringen ließe und man herausfände, daß sie schwanger gewesen war, die Wahrheit leicht ans Licht kommen könnte. Und da er der eitelste Mensch von der Welt war, entschloß er sich zu dem, was seiner Eitelkeit am ehesten entsprach: er gedachte, die Öffentlichkeit nichts erfahren zu lassen. In dieser Absicht schickte er zur Gräfin von Tenda einen Edelmann mit folgendem Brief:

Der Wunsch, das Zutagetreten meiner Schande zu vermeiden, ist für den Augenblick stärker als meine Rache; ich werde später sehen, was ich über Euer unwürdiges Schicksal bestimme. Verhaltet Euch, als ob Ihr immer gewesen wäret, was Ihr hättet sein sollen.

Die Gräfin empfing diesen Brief mit Freuden, weil sie glaubte, er sei ihr Todesurteil, und als sie nun sah, daß ihr Gemahl ihr gestattete, ihre Schwangerschaft zu zeigen, spürte sie, wie doch das Schamgefühl die heftigste aller Leidenschaften ist: es kam jetzt eine Art Beruhigung über sie, weil sie sich sicher wähnte, bald zu sterben und ihren Ruf gerettet zu sehen. Sie dachte nur noch daran, sich auf den Tod zu bereiten, und weil sie ein Mensch war, der nur lebhafte Gefühle kannte, gab sie sich der Tugend und der Reue mit derselben Leidenschaftlichkeit hin, mit der sie sich zuvor in die Liebe gestürzt hatte. Ihre Seele war auch wirklich ganz in Trauer gesenkt und ertrunken; sie konnte ihre Augen auf kein Ding dieser Welt lenken, das ihr nicht noch schlimmer erschienen wäre als der Tod, so daß sie nur im Ende ihres unglücklichen Lebens das

que par la fin de sa malheureuse vie. Elle passa quelque temps en cet état, paraissant plutôt une personne morte qu'une personne vivante. Enfin, vers le sixième mois de sa grossesse, son corps succomba, la fièvre continue lui prit, et elle accoucha par la violence de son mal. Elle eut la consolation de voir son enfant en vie, d'être assurée qu'il ne pouvait vivre, et qu'elle ne donnait pas un héritier illégitime à son mari. Elle expira elle-même peu de jours après, et reçut la mort avec une joie que personne n'a jamais ressentie : elle chargea son confesseur d'aller porter à son mari la nouvelle de sa mort, de lui demander pardon de sa part, et de le supplier d'oublier sa mémoire, qui ne lui pouvait être qu'odieuse.

Le comte de Tende reçut cette nouvelle sans inhumanité, et même avec quelques sentiments de pitié, mais néanmoins avec joie. Quoiqu'il fût fort jeune, il ne voulut jamais se remarier, et il a vécu jusqu'à un âge fort avancé.

Heilmittel für ihre Qualen entdeckte. Eine Zeitlang verharrte sie in diesem Zustand und erweckte eher den Eindruck einer Toten als einer Lebenden. Endlich, gegen den sechsten Monat ihrer Schwangerschaft, gab ihr Körper nach, ein anhaltendes Fieber befiel sie, und von der Heftigkeit ihrer Krankheit kam sie nieder. Sie hatte den Trost, ihr Kind leben zu sehen, aber sicher zu sein, daß es nicht am Leben bleiben würde, so daß sie ihrem Gemahl keinen illegitimen Erben schenkte. Sie selbst verschied wenige Tage später und empfing den Tod mit einer Freude, die noch nie jemand empfunden hat. Sie trug ihrem Beichtvater auf, ihrem Gemahl die Kunde von ihrem Tode zu bringen, ihn in ihrem Namen um Verzeihung zu bitten und ihn anzuflehen, sie, die ihm nur hassenswert sein könne, zu vergessen.

Der Graf von Tenda empfing diese Kunde ohne unziemliche Härte und sogar mit gewissen Gefühlen des Mitleids, aber dennoch mit Freuden. Obwohl er noch sehr jung war, entschloß er sich nie zu einer neuen Heirat, und er hat bis in ein sehr hohes Alter gelebt.

Pierre de Marivaux :
L'Expérience du Spectateur Français

A l'âge de dix-sept ans, je m'attachai à une jeune demoiselle, à qui je dois le genre de vie que j'embrassai.
Je n'étais pas mal fait alors, j'avais l'humeur douce et
les manières tendres. La sagesse que je remarquais
dans cette fille, m'avait rendu sensible à sa beauté. Je
lui trouvais d'ailleurs tant d'indifférence pour ses
charmes que j'aurais juré qu'elle les ignorait. Que
j'étais simple dans ce temps-là ! Quel plaisir, disais-je
en moi-même ! si je puis me faire aimer d'une fille qui
ne souhaite pas d'avoir des amants, puisqu'elle est belle
sans y prendre garde, et que, par conséquent, elle n'est
pas coquette. Jamais je ne me séparais d'elle que ma
tendre surprise n'augmentât de voir tant de grâces
dans un objet qui ne s'en estimait pas davantage. Était-
elle assise ou debout ? parlait-elle ou marchait-elle ? Il
me semblait toujours qu'elle n'y entendait point fi-
nesse, et qu'elle ne songeait à rien moins qu'à être ce
qu'elle était.

Un jour qu'à la campagne, je venais de la quitter, un
gant que j'avais oublié, fit que je retournai sur mes pas
pour l'aller chercher : j'aperçus la belle de loin, qui se
regardait dans un miroir, et je remarquai, à mon grand
étonnement, qu'elle s'y représentait à elle-même dans
tous les sens où, durant notre entretien, j'avais vu son
visage ; et il se trouvait que ses airs de physionomie,
que j'avais cru si naïfs, n'étaient, à les bien nommer,
que des tours de gibecière : je jugeais de loin que sa

Pierre de Marivaux: Ein Erlebnis des «Spectateur Français»

Als ich siebzehn Jahre alt war, verliebte ich mich in eine junge
Dame, der ich meinen später gewählten Lebensstil verdanke.
Ich war nicht häßlich damals, von sanfter Art und gefälligen
Manieren. Die Züchtigkeit, die ich an ihr bemerkte, hatte mich
für die Schönheit des Mädchens empfänglich gemacht. Zudem
sah ich, wie ihre Reize ihr selber so gleichgültig waren, daß ich
geschworen hätte, sie wisse nichts von ihnen. Wie einfältig ich
doch war! Ganz herrlich, sagte ich mir, müßte es sein, die
Liebe dieses Mädchens zu gewinnen, das sich keine Liebhaber
wünscht, weil sie schön ist, ohne ihrer Schönheit zu achten,
und folglich nicht kokett. Ich ging nicht ein einziges Mal von
ihr, ohne daß mein zärtliches Erstaunen größer geworden
wäre, so viele Reize an einem Wesen zu sehen, das sich darum
nichts Besseres zu sein dünkte. Ob sie saß oder stand, ob sie
sprach oder ging – immer schien es mir, sie tue es ganz unge-
künstelt und denke nicht im mindesten daran, zu sein, was sie
doch nun einmal war.

Als ich eines Tages auf dem Lande eben von ihr gegangen
war, hatte ich einen Handschuh vergessen und ging zurück, ihn
zu holen. Ich erblickte die Schöne von weitem, wie sie sich in
einem Spiegel betrachtete, und zu meinem großen Erstaunen
bemerkte ich, daß sie sich darin in allen Gesichtszügen dar-
stellte, die ich während unserer Unterhaltung an ihr gesehen
hatte; und es war wirklich so, daß jeder einzelne Ausdruck in
ihrem Antlitz, den ich für so gänzlich unbefangen gehalten
hatte, in Wahrheit nur ein Taschenspielertrick gewesen war.
Sogar von weitem erkannte ich, wie sie in ihrer Eitelkeit den

vanité en adoptait quelques-uns, qu'elle en réformait d'autres : c'était de petites façons qu'on aurait pu noter, et qu'une femme aurait pu apprendre comme un air de musique. Je tremblai du péril que j'aurais couru si j'avais eu le malheur d'essayer encore de bonne foi ses friponneries, au point de perfection où son habileté les portait, mais je l'avais crue naturelle, et ne l'avais aimée que sur ce pied-là ; de sorte que mon amour cessa tout d'un coup, comme si mon cœur ne s'était attendri que sous condition.

Elle m'aperçut à son tour dans son miroir et rougit. Pour moi j'entrai en riant, et ramassant mon gant : «Ah! mademoiselle, je vous demande pardon, lui dis-je, d'avoir mis jusqu'ici sur le compte de la nature des appas dont tout l'honneur n'est dû qu'à votre industrie. — Qu'est-ce que c'est que signifie ce discours? me répondit-elle. — Vous parlerai-je plus franchement, lui dis-je. Je viens de voir les machines de l'Opéra. Il me divertira toujours, mais il me touchera moins.» Je sortis là-dessus, et c'est de cette aventure que naquit en moi cette misanthropie qui ne m'a point quitté, et qui m'a fait passer ma vie à examiner les hommes, et à m'amuser de mes réflexions.

einen Ausdruck schuf und andere abwandelte; winzige Kunstgriffe, die man in Noten hätte aufschreiben und die eine Frau wie eine Melodie hätte erlernen können. Ich zitterte, als ich an die Gefahr dachte, in die ich geraten wäre, wenn ich Unglücklicher weiterhin gutgläubig von den Gaukeleien gekostet hätte, in denen sie es so geschickt zur Vollkommenheit gebracht hatte. Aber ich hatte sie für unverstellt gehalten und nur *so* geliebt; also war meine Liebe auf einen Schlag zu Ende, als hätte mein Herz sich nur unter diesem Vorbehalt entflammen lassen.

Nun sah sie mich ihrerseits in ihrem Spiegel und errötete. Ich aber trat lachend herein und sagte, indem ich meinen Handschuh an mich nahm: «Oh mein Fräulein, verzeihen Sie, daß ich bis heute der Natur eine Anmut zugeschrieben habe, deren ganzes Verdienst nur Eurer Kunstfertigkeit zusteht.» – «Was soll diese Rede bedeuten?» erwiderte sie mir. – «Wenn ich offen sprechen soll», sagte ich zu ihr, «so habe ich eben den Bühnenmechanismus der Oper gesehen, die mich weiterhin belustigen, aber weniger rühren wird.» Mit diesen Worten ging ich, und seit diesem Erlebnis ist in mir der Argwohn gegen die Menschen gewachsen, der mich nie mehr verlassen, sondern dahin gebracht hat, daß ich mein Leben damit zubringe, meinesgleichen zu beobachten und mich an meinen Betrachtungen zu ergötzen.

Voltaire: Jeannot et Colin

Plusieurs personnes dignes de foi ont vu Jeannot et
Colin à l'école dans la ville d'Issoire, en Auvergne, ville
fameuse dans tout l'univers par son collège et par ses
chaudrons. Jeannot était fils d'un marchand de mulets
très renommé, et Colin devait le jour à un brave la-
boureur des environs, qui cultivait la terre avec quatre
mulets, et qui, après avoir payé la taille, le taillon, les
aides et gabelles, le sou pour livre, la capitation et les
vingtièmes, ne se trouvait pas puissamment riche au
bout de l'année.

Jeannot et Colin étaient fort jolis pour des Auvergnats;
ils s'aimaient beaucoup, et ils avaient ensemble de petites privautés, de petites familiarités, dont on se ressou-
vient toujours avec agrément quand on se rencontre
ensuite dans le monde.

Le temps de leurs études était sur le point de finir,
quand un tailleur apporta à Jeannot un habit de velours
à trois couleurs, avec une veste de Lyon de fort bon
goût; le tout était accompagné d'une lettre à monsieur
de La Jeannotière. Colin admira l'habit, et ne fut point
jaloux; mais Jeannot prit un air de supériorité qui
affligea Colin. Dès ce moment Jeannot n'étudia plus,
se regarda au miroir, et méprisa tout le monde. Quelque
temps après, un valet de chambre arrive en poste, et
apporte une seconde lettre à monsieur le marquis de La
Jeannotière: c'était un ordre de monsieur son père de
faire venir monsieur son fils à Paris. Jeannot monta

Voltaire: Jeannot und Colin

Mehrere vertrauenswürdige Personen haben Jeannot und Colin auf der Schule in der Stadt Issoire in der Auvergne erlebt – Issoire, in der ganzen Welt berühmt für sein Gymnasium und seine Kupferkessel. Jeannot war der Sohn eines sehr angesehenen Maultierhändlers, Colin verdankte seine Existenz einem wackeren Landmann aus der Umgebung, der mit vier Maultieren das Feld bestellte und, wenn er den Zehnten und Nachzehnten, die Gülten und die Salzsteuer, den Sou aufs Pferd, das Kopfgeld und die Zwanzigsten bezahlt hatte, am Jahresende nicht sonderlich reich dastand.

Für Auvergnaten waren Jeannot und Colin sehr hübsch; sie liebten einander sehr und hatten zusammen kleine Heimlichkeiten, kleine Vertraulichkeiten, an die man sich stets mit Vergnügen erinnert, wenn man sich später einmal in der Welt trifft.

Ihre Studienzeit stand vor dem Abschluß, als ein Schneider Jeannot einen dreifarbigen Samtanzug mit einer höchst geschmackvollen Lyoner Weste brachte; dem ganzen lag ein Brief an Herrn von La Jeannotière bei. Colin bewunderte den Anzug und war in keiner Weise neidisch, aber Jeannot setzte eine hochmütige Miene auf, die Colin traurig machte. Von diesem Augenblick an lernte Jeannot nicht mehr, sondern betrachtete sich im Spiegel und blickte auf jedermann hinab. Einige Zeit später kam mit der Post ein Kammerdiener, der einen zweiten Brief mitbrachte an den Herrn Marquis von La Jeannotière: einen Befehl seines Herrn Vaters, seinen Herrn Sohn nach Paris kommen zu lassen. Jeannot bestieg den Post-

en chaise en tendant la main à Colin avec un sourire
de protection assez noble. Colin sentit son néant, et
pleura. Jeannot partit dans toute la pompe de sa gloire.

Les lecteurs qui aiment à s'instruire doivent savoir
que monsieur Jeannot le père avait acquis assez rapi-
dement des biens immenses dans les affaires. Vous
demandez comment on fait ces grandes fortunes? C'est
parce qu'on est heureux. Monsieur Jeannot était bien
fait, sa femme aussi, et elle avait encore de la fraîcheur.
Ils allèrent à Paris pour un procès qui les ruinait,
lorsque la fortune, qui élève et qui abaisse les hommes
à son gré, les présenta à la femme d'un entrepreneur
des hôpitaux des armées, homme d'un grand talent, et
qui pouvait se vanter d'avoir tué plus de soldats en un
an que le canon n'en fait périr en dix. Jeannot plut à madame; la femme de Jeannot plut à monsieur. Jeannot fut
bientôt de part dans l'entreprise; il entra dans d'autres
affaires. Dès qu'on est dans le fil de l'eau, il n'y a qu'à
se laisser aller; on fait sans peine une fortune immense.
Les gredins, qui du rivage vous regardent voguer à plei-
nes voiles, ouvrent des yeux étonnés; ils ne savent comment vous avez pu parvenir; ils vous envient au hasard,
et font contre vous des brochures que vous ne lisez point.
C'est ce qui arriva à Jeannot le père, qui fut bientôt monsieur de La Jeannotière, et qui ayant acheté un marqui-
sat au bout de six mois, retira de l'école monsieur le marquis son fils, pour le mettre à Paris dans le beau monde.

Colin, toujours tendre, écrivit une lettre de compli-
ments à son ancien camarade, *et lui fit ces lignes pour
le congratuler*. Le petit marquis ne lui fit point de
réponse: Colin en fut malade de douleur.

wagen und reichte Colin mit einem recht edlen Beschützer-
lächeln die Hand. Colin spürte seine Nichtigkeit und weinte;
Jeannot fuhr im ganzen Prunk seines Ruhms davon.

Wißbegierigen Lesern sei mitgeteilt, daß Herr Jeannot
senior ziemlich rasch im Geschäftsleben gewaltige Reichtümer
erworben hatte. Sie wollen wissen, wie man es zu solchem großen Vermögen bringt? Indem man Glück hat. Herr Jeannot
war hübsch, seine Frau auch, und sie hatte noch eine gewisse
Frische. Sie gingen nach Paris wegen eines Prozesses, der drauf
und dran war, sie zu ruinieren, und dort machte der Zufall, der
die Menschen nach seinem Belieben erhöht und erniedrigt, sie
bekannt mit der Frau eines Unternehmers für Militärlazarette,
eines höchst geschickten Mannes, der sich rühmen konnte,
mehr Soldaten in einem Jahr umgebracht zu haben, als alle
Kanonen in zehn Jahren zu Tode bringen. Jeannot gefiel der
Dame, Jeannots Frau dem Herrn. Jeannot war bald Teilhaber
der Firma und stieg in weitere Geschäfte ein. Wenn man einmal in der Strömung schwimmt, braucht man sich nur treiben
zu lassen und bringt es ohne Mühe zu einem gewaltigen Vermögen. Das Gesindel am Ufer betrachtet Sie mit großen
Augen, wie Sie mit vollen Segeln dahinfahren, und weiß nicht,
wie Sie es so weit gebracht haben mögen; es beneidet Sie aufs
Geratewohl und verfaßt Pamphlete gegen Sie, die Sie nicht
lesen. So erging es Jeannot senior, der bald Herr von La Jeannotière hieß und, als er nach einem halben Jahr einen Marquis-
titel gekauft hatte, seinen Herrn Marquis von Sohn aus der
Schule nahm, um ihn in Paris in die große Welt einzuführen.

Colin, immer noch liebreich gesonnen, schrieb seinem alten
Schulkameraden einen höflichen Brief und «sandte ihm diese
Zeilen, um ihm zu gratulieren». Der kleine Marquis schickte
keine Antwort: Colin machte das krank vor Schmerz.

Le père et la mère donnèrent d'abord un gouverneur au jeune marquis : ce gouverneur, qui était un homme du bel air, et qui ne savait rien, ne put rien enseigner à son pupille. Monsieur voulait que son fils apprît le latin, madame ne le voulait pas. Ils prirent pour arbitre un auteur qui était célèbre alors par des ouvrages agréables. Il fut prié à dîner. Le maître de la maison commença par lui dire d'abord : «Monsieur, comme vous savez le latin, et que vous êtes un homme de la cour... — Moi, monsieur, du latin! je n'en sais pas un mot, répondit le bel esprit, et bien m'en a pris; il est clair qu'on parle beaucoup mieux sa langue quand on ne partage pas son application entre elle et les langues étrangères. Voyez toutes nos dames, elles ont l'esprit plus agréable que les hommes; leurs lettres sont écrites avec cent fois plus de grâce; elles n'ont sur nous cette supériorité que parce qu'elles ne savent pas le latin.

— Eh bien! n'avais-je pas raison? dit madame. Je veux que mon fils soit un homme d'esprit, qu'il réussisse dans le monde; et vous voyez bien que, s'il savait le latin, il serait perdu. Joue-t-on, s'il vous plaît, la co- médie et l'opéra en latin? Plaide-t-on en latin quand on a un procès? Fait-on l'amour en latin?» Monsieur, ébloui de ces raisons, passa condamnation, et il fut conclu que le jeune marquis ne perdrait point son temps à connaître Cicéron, Horace, et Virgile. Mais qu'apprendra-t-il donc? car encore faut-il qu'il sache quelque chose; ne pourrait-on pas lui montrer un peu de géographie? «A quoi cela lui servira-t-il? répondit le gouverneur. Quand monsieur le marquis ira dans ses terres, les postillons ne sauront-ils pas les chemins? ils

Vater und Mutter gaben dem jungen Marquis zunächst einen
Hauslehrer, aber der war ein hübscher Stutzer, wußte nichts
und konnte seinem Schüler nichts beibringen. Der Herr Marquis wünschte, daß sein Sohn Latein lernte, Madame hielt
davon nichts. Sie wählten einen Schriftsteller, der zu jener Zeit
für erfreulich zu lesende Werke berühmt war, zum Schieds-
richter. Er wurde zum Abendessen gebeten. Der Hausherr
machte den Anfang und sagte zu ihm: «Mein Herr, der Sie
Latein können und ein Mann bei Hofe sind...» – «Ich und
Latein? Nicht ein Wort kann ich», entgegnete der Schöngeist,
«und das ist mir zugute gekommen: es liegt doch auf der
Hand, daß man seine eigene Sprache besser beherrscht, wenn
man seine Bemühung nicht zwischen ihr und den fremden
Sprachen teilt. Sehen Sie sich doch alle unsere Damen an: sie
haben einen erfreulicheren Geist als die Männer, ihre Briefe
sind hundertmal gefälliger geschrieben, und diese Überlegen-
heit über uns haben sie nur, weil sie nicht Latein können.»
    «Nun, habe ich nicht recht gehabt?» sagte Madame. «Ich
will, daß mein Sohn ein Mann von Geist wird, daß er in der
Welt Erfolg hat, und Sie sehen ja jetzt, daß er verloren wäre,
wenn er Latein könnte. Ich bitte Sie, spielt man vielleicht
Theater oder Oper auf Lateinisch? Hält man sein Plädoyer auf
Lateinisch, wenn man einen Prozeß hat? Liebt man auf Lateinisch?» Geblendet von diesen Argumenten, gab der Hausherr
sich geschlagen, und es wurde beschlossen, daß der junge Marquis seine Zeit nicht damit verlieren sollte, in Cicero, Horaz
und Vergil einzudringen. Aber was sollte er lernen? Denn
irgendetwas mußte er doch wissen. Könnte man ihm nicht ein
wenig Geographie zeigen? «Wozu soll ihm das nützen?» entgegnete nunmehr der Hauslehrer. «Wenn der Herr Marquis sich
auf seine Güter begibt, werden die Postillone doch die Wege

ne l'égareront certainement pas. On n'a pas besoin d'un quart de cercle pour voyager, et on va très commodément de Paris en Auvergne, sans qu'il soit besoin de savoir sous quelle latitude on se trouve.

— Vous avez raison, répliqua le père; mais j'ai entendu parler d'une belle science qu'on appelle, je crois, l'*astronomie*. — Quelle pitié! repartit le gouverneur; se conduit-on par les astres dans ce monde? et faudra-t-il que monsieur le marquis se tue à calculer une éclipse, quand il la trouve à point nommé dans l'almanach, qui lui enseigne de plus les fêtes mobiles, l'âge de la lune, et celui de toutes les princesses de l'Europe?»

Madame fut entièrement de l'avis du gouverneur. Le petit marquis était au comble de la joie; le père était très indécis. «Que faudra-t-il donc apprendre à mon fils? disait-il. — A être aimable, répondit l'ami que l'on consultait; et s'il sait *les moyens de plaire*, il saura tout: c'est un art qu'il apprendra chez madame sa mère, sans que ni l'un ni l'autre se donnent la moindre peine.»

Madame, à ce discours, embrassa le gracieux ignorant, et lui dit: «On voit bien, monsieur, que vous êtes l'homme du monde le plus savant; mon fils vous devra toute son éducation: je m'imagine pourtant qu'il ne serait pas mal qu'il sût un peu d'histoire. — Hélas! madame, à quoi cela est-il bon? répondit-il; il n'y a certainement d'agréable et d'utile que l'histoire du jour. Toutes les histoires anciennes, comme le disait un de nos beaux esprits, ne sont que des fables convenues; et pour les modernes, c'est un chaos qu'on ne peut

wissen! Sie werden ihn gewiß nicht in die Irre fahren. Man braucht keinen Quadranten, wenn man auf die Reise geht, und man fährt höchst bequem von Paris in die Auvergne, ohne daß man wissen müßte, auf welcher Breite man sich befindet.»

«Sie haben recht», erwiderte der Vater, «aber ich habe von einer wunderschönen Wissenschaft gehört, die, glaube ich, ‹Astronomie› heißt.» – «Du meine Güte!» antwortete der Hauslehrer, «sucht man sich etwa seinen Weg in dieser Welt nach den Sternen? Und soll der Herr Marquis sich etwa damit umbringen, eine Eklipse zu errechnen, wenn er sie bequem im Almanach zur Hand hat, der ihm zudem noch die beweglichen Feste und das Geburtsdatum des Mondes ebenso wie das aller Prinzessinnen Europas nennt?»

Madame teilte ganz und gar die Ansicht des Hauslehrers, der kleine Marquis fühlte sich hochbeglückt; nur der Vater war sehr unentschlossen. «Was soll mein Sohn denn aber lernen?» fragte er. «Sich liebenswürdig aufzuführen», erklärte nun wieder der zu Rate gezogene Freund, «und wenn er die ‹Mittel, um zu gefallen› gelernt hat, weiß er alles: das ist eine Kunst, die er bei seiner Frau Mutter erlernen kann, wobei sich keiner von beiden die geringste Mühe zu geben braucht.»

Auf diese Rede hin umarmte Madame den schöngeistigen Dummkopf und sagte zu ihm: «Man sieht wahrlich, daß Sie der klügste Mann der Welt sind; mein Sohn wird Ihnen seine ganze Erziehung verdanken. Immerhin könnte ich mir vorstellen, daß es nicht schlecht wäre, wenn er einige Geschichtskenntnisse hätte.» – «Ach, Madame, wozu sollte das gut sein?» entgegnete er. «Wirklich angenehm und nützlich ist doch nur die Geschichte des Tages. Die ganze alte Geschichte, wie es einer unserer Schöngeister ausgedrückt hat, besteht doch nur aus für wahr genommenen Fabeln, und die neuere ist ein unentwirr-

débrouiller. Qu'importe à monsieur votre fils que Char-
lemagne ait institué les douze pairs de France, et que
son successeur ait été bègue.

— Rien n'est mieux dit! s'écria le gouverneur: on
étouffe l'esprit des enfants sous un amas de connais-
sances inutiles; mais de toutes les sciences la plus absurde,
à mon avis, et celle qui est la plus capable d'étouffer
toute espèce de génie, c'est la géométrie. Cette science
ridicule a pour objet des surfaces, des lignes, et des
points, qui n'existent pas dans la nature. On fait passer
en esprit cent mille lignes courbes entre un cercle et
une ligne droite qui le touche, quoique dans la réalité
on n'y puisse pas passer un fétu. La géométrie, en vérité, n'est qu'une mauvaise plaisanterie.»

Monsieur et madame n'entendaient pas trop ce que
le gouverneur voulait dire; mais ils furent entièrement
de son avis.

«Un seigneur comme monsieur le marquis, continua-
t-il, ne doit pas se dessécher le cerveau dans ces vaines
études. Si un jour il a besoin d'un géomètre sublime
pour lever le plan de ses terres, il les fera arpenter pour
son argent. S'il veut débrouiller l'antiquité de sa noblesse,
qui remonte aux temps les plus reculés, il enverra
chercher un bénédictin. Il en est de même de tous les
arts. Un jeune seigneur heureusèment né n'est ni peintre,
ni musicien, ni architecte, ni sculpteur; mais il fait
fleurir tous ces arts en les encourageant par sa magnifi-
cence. Il vaut sans doute mieux les protéger que de les
exercer; il suffit que monsieur le marquis ait du goût;
c'est aux artistes à travailler pour lui; et c'est en quoi
on a très grande raison de dire que les gens de qualité

bares Chaos. Was schert es Ihren Herrn Sohn, daß Karl der Große die zwölf Pairs von Frankreich eingesetzt hat und daß sein Nachfolger ein Stammler war.»

«Unübertrefflich gesagt!» stimmte ihm der Hauslehrer zu. «Man erstickt den kindlichen Geist unter einem Wust von unnötigen Kenntnissen. Aber die unsinnigste aller Wissenschaften, die meiner Ansicht nach am ehesten imstande ist, jedes Genie zu ersticken, ist doch die Geometrie. Diese lächerliche Wissenschaft hat Flächen, Linien und Punkte zum Gegenstand, die es in der Natur gar nicht gibt. Man zieht im Geiste hunderttausend Kurvenlinien zwischen einem Kreis und einer diesen berührenden Geraden, obwohl in Wirklichkeit kein Strohhalm dazwischenpassen würde. Nein, die Geometrie ist tatsächlich nur ein schlechter Scherz.»

Der Hausherr und Madame verstanden nicht so ganz, was der Hauslehrer sagen wollte, aber sie waren vollkommen seiner Meinung.

«Ein Mann von Stand wie der Herr Marquis», fuhr der fort, «braucht sich nicht das Gehirn bei so nutzlosen Studien auszutrocknen. Wenn er eines Tages einen hervorragenden Geometer braucht, um den Plan seiner Ländereien aufzuzeichnen, kann er sie für sein Geld ausmessen lassen. Wenn er die Altehrwürdigkeit seines Adels herausfinden will, der bis in die ältesten Zeiten reicht, schickt er eben nach einem Benediktiner. Und so ist es mit allen Künsten. Ein glücklich geborener junger Mann von Stand ist weder Maler noch Musiker noch Architekt noch Bildhauer, aber er bringt alle diese Künste zum Blühen, indem er sie durch seine Freigebigkeit ermutigt. Es ist ohne Zweifel angenehmer, sie zu fördern, als sie auszuüben; der Herr Marquis braucht nur Geschmack zu haben, Sache der Künstler ist es, für ihn zu arbeiten. Deshalb hat man auch so

(j'entends ceux qui sont très riches) savent tout sans avoir rien appris, parce qu'en effet ils savent à la longue juger de toutes les choses qu'ils commandent et qu'ils payent.»

L'aimable ignorant prit alors la parole, et dit : «Vous avez très bien remarqué, madame, que la grande fin de l'homme est de réussir dans la société. De bonne foi, est-ce par les sciences qu'on obtient ce succès? S'est-on jamais avisé dans la bonne compagnie de parler de géométrie? Demande-t-on jamais à un honnête homme quel astre se lève aujourd'hui avec le soleil? S'informe-t-on à souper si Clodion le Chevelu passa le Rhin? — Non, sans doute, s'écria la marquise de La Jeannotière, que ses charmes avaient initiée quelquefois dans le beau monde; et monsieur mon fils ne doit point éteindre son génie par l'étude de tous ces fatras, mais enfin que lui apprendra-t-on? Car il est bon qu'un jeune seigneur puisse briller dans l'occasion, comme dit monsieur mon mari. Je me souviens d'avoir ouï dire à un abbé que la plus agréable des sciences était une chose dont j'ai oublié le nom, mais qui commence par un *B*. — Par un *B*, madame? ne serait-ce point la botanique? — Non, ce n'était point de botanique qu'il me parlait; elle commençait, vous dis-je, par un *B*, et finissait par un *on*. — Ah! j'entends, madame; c'est le blason : c'est, à la vérité, une science fort profonde; mais elle n'est plus à la mode depuis qu'on a perdu l'habitude de faire peindre ses armes aux portières de son carrosse; c'était la chose du monde la plus utile dans un État bien policé. D'ailleurs, cette étude serait infinie : il n'y a point aujourd'hui de barbier qui n'ait

sehr recht, wenn man sagt, daß Leute von Stande (ich meine die begüterten unter ihnen) alles wissen, ohne etwas gelernt zu haben, weil sie tatsächlich mit der Zeit alle Dinge zu beurteilen wissen, die sie in Auftrag geben und bezahlen.»

Hier nahm wiederum der liebenswürdige Dummkopf das Wort und sagte: «Sie haben sehr richtig bemerkt, Madame, daß der große Zweck des Menschen der Erfolg in der Gesellschaft ist. Und offen gesagt, erlangt man diesen Erfolg etwa durch die Wissenschaften? Ist in gehobener Umgebung jemals einer darauf verfallen, von Geometrie zu sprechen? Fragt man jemals einen Mann von Ehre, welches Gestirn heute mit der Sonne aufgeht? Erkundigt man sich beim Nachtmahl danach, ob Chlodion der Behaarte über den Rhein gegangen ist?» – «Nein, gewiß nicht», rief die Marquise von La Jeannotière aus, die wegen ihrer Reize gelegentlich zur großen Welt Zugang gehabt hatte, «und mein Herr Sohn soll seinen Geist nicht durch das Studium dieses Plunders abtöten. Aber was soll er denn nun lernen? Denn es ist gut, wenn ein junger Herr bei passender Gelegenheit brillieren kann, wie mein Herr Gemahl sagt. Ich erinnere mich, von einem Geistlichen gehört zu haben, die angenehmste aller Wissenschaften sei etwas, wovon ich den Namen vergessen habe, aber er fing mit einem *B* an.» – «Mit einem *B*, Madame? Sollte das vielleicht die Botanik sein?» – «Nein, er hat nicht von Botanik gesprochen, es fing mit einem *B* an, wissen Sie, und hörte mit einem *on* auf.» – «Ah, ich weiß, was Sie meinen, Madame, das ist der *Blason* oder die Heraldik. Fürwahr eine tiefe Wissenschaft, aber sie ist aus der Mode gekommen, seit man sein Wappen nicht mehr auf die Türen seiner Karossen malen läßt, obwohl das die nützlichste Sache der Welt war für ein wohlgeordnetes Staatswesen. Außerdem wäre das ein Studium ohne Ende: es gibt ja heute

ses armoiries; et vous savez que tout ce qui devient commun est peu fêté.» Enfin, après avoir examiné le fort et le faible des sciences, il fut décidé que monsieur le marquis apprendrait à danser.

La nature, qui fait tout, lui avait donné un talent qui se développa bientôt avec un succès prodigieux: c'était de chanter agréablement des vaudevilles. Les grâces de la jeunesse, jointes à ce don supérieur, le firent regarder comme le jeune de la plus grande espérance. Il fut aimé des femmes; et ayant la tête toute pleine de chansons, il en fit pour ses maîtresses. Il pillait *Bacchus et l'Amour* dans un vaudeville, *la nuit et le jour* dans un autre, *les charmes et les alarmes* dans un troisième; mais, comme il y avait toujours dans ses vers quelques pieds de plus ou de moins qu'il ne fallait, il les faisait corriger moyennant vingt louis d'or par chanson; et il fut mis dans *l'Année littéraire* au rang des La Fare, des Chaulieu, des Hamilton, des Sarrasin et des Voiture.

Madame la marquise crut alors être la mère d'un bel esprit, et donna à souper aux beaux esprits de Paris. La tête du jeune homme fut bientôt renversée; il acquit l'art de parler sans s'entendre, et se perfectionna dans l'habitude de n'être propre à rien. Quand son père le vit si éloquent, il regretta vivement de ne lui avoir pas fait apprendre le latin, car il lui aurait acheté une grande charge dans la robe. La mère, qui avait des sentiments plus nobles, se chargea de solliciter un régiment pour son fils; et en attendant il fit l'amour. L'amour est quelquefois plus cher qu'un régiment. Il dépensa beaucoup, pendant que ses parents s'épuisaient encore davantage à vivre en grands seigneurs.

keinen Barbier mehr, der nicht sein Wappen hat, und wie Sie wissen wird alles, was sich gemein macht, gering geachtet.» Endlich, als das Für und Wider der Wissenschaften geprüft war, beschloß man, der Herr Marquis solle tanzen lernen.

Die Natur, die alles vollbringt, hatte ihm ein Talent mitgegeben, das sich bald mit überwältigendem Erfolg entfaltete: er konnte sehr erfreulich Vaudeville-Lieder singen. Die Reize der Jugend und dazu diese bedeutende Gabe brachten ihm das Ansehen eines vielversprechenden Jünglings. Die Frauen liebten ihn, und da er den Kopf voller Lieder hatte, machte er auch welche für seine Geliebten. Er plünderte «Bacchus und Amor» für ein Vaudeville, «Die Nacht und der Tag» für ein weiteres, «Necken und Schrecken» für ein drittes. Da in seinen Versen aber immer ein paar Füße mehr oder weniger standen, als angebracht war, ließ er sie gegen zwanzig Louisdors je Lied durchsehen und wurde gleichberechtigt mit den La Fare, Chaulieu, Hamilton, Sarrasin und Voiture ins «Literarische Jahrbuch» aufgenommen.

Die Frau Marquis hielt sich fortan für die Mutter eines Schöngeists und lud die Schöngeister von Paris zum Nachtessen ein. Dem jungen Mann stieg das bald zu Kopfe; er lernte die Kunst, zu reden, ohne zu wissen was er sagte, und vervollkommnete sich in der Gewöhnung an seine Nichtsnutzigkeit. Als sein Vater sah, wie beredt er war, bedauerte er es sehr, daß er ihn nicht Latein hatte lernen lassen, denn dann hätte er ihn in ein hohes Richteramt eingekauft. Die Mutter, von erhabeneren Gefühlen beseelt, unternahm es, ein Regiment für ihren Sohn zu erbitten, der sich die Zeit mit Liebesaffären vertrieb. Aber die Liebe ist manchmal teurer als ein Regiment. Er gab viel aus, während seine Eltern sich noch mehr erschöpften, um als Grandseigneurs zu leben.

Une jeune veuve de qualité, leur voisine, qui n'avait qu'une fortune médiocre, voulut bien se résoudre à mettre en sûreté les grands biens de monsieur et de madame de La Jeannotière, en se les appropriant, et en épousant le jeune marquis. Elle l'attira chez elle, se laissa aimer, lui fit entrevoir qu'il ne lui était pas indifférent, le conduisit par degrés, l'enchanta, le subjugua sans peine. Elle lui donnait tantôt des éloges, tantôt des conseils; elle devint la meilleure amie du père et de la mère. Une vieille voisine proposa le mariage; les parents, éblouis de la splendeur de cette alliance, acceptèrent avec joie la proposition: ils donnèrent leur fils unique à leur amie intime. Le jeune marquis allait épouser une femme qu'il adorait et dont il était aimé; les amis de la maison le félicitaient; on allait rédiger les articles, en travaillant aux habits de noce et à l'épithalame.

Il était, un matin, aux genoux de la charmante épouse que l'amour, l'estime, et l'amitié, allaient lui donner; ils goûtaient, dans une conversation tendre et animée, les prémices de leur bonheur; ils s'arrangeaient pour mener une vie délicieuse, lorsqu'un valet de chambre de madame la mère arrive tout effaré. «Voici bien d'autres nouvelles, dit-il; des huissiers déménagent la maison de monsieur et de madame; tout est saisi par des créanciers; on parle de prise de corps, et je vais faire mes diligences pour être payé de mes gages. — Voyons un peu, dit le marquis, que c'est que ça, ce que c'est que cette aventure-là. — Oui, dit la veuve, allez punir ces coquins-là, allez vite.» Il y court, il arrive à la maison; son père était déjà emprisonné: tous

Eine junge Witwe von Stand, ihre Nachbarin, die nur ein mäßiges Vermögen hatte, war durchaus geneigt, den großen Reichtum von Herrn und Frau von La Jeannotière in Sicherheit zu bringen, indem sie ihn sich durch eine Heirat mit dem jungen Marquis aneignete. Sie zog ihn in ihr Haus, ließ sich lieben, gab ihm zu verstehen, daß er ihr nicht gleichgültig sei, führte ihn schrittweise weiter, bezauberte ihn und machte ihn zum ergebenen Sklaven. Sie teilte abwechselnd Lob und Ratschläge aus und wurde die beste Freundin seines Vaters und seiner Mutter. Eine alte Nachbarin schlug die Heirat vor, und die Eltern, geblendet von dieser glänzenden Verbindung, nahmen den Vorschlag mit Freuden an: sie gaben ihren einzigen Sohn ihrer guten Freundin. Der junge Marquis würde eine Frau heiraten, die er anbetete und die ihn liebte; die Freunde des Hauses gratulierten ihm dazu; die Anzeigen wurden aufgesetzt und die Hochzeitskleider und die Brautgedichte in Arbeit gegeben.

Eines Morgens saß er zu Füßen der reizenden Gemahlin, die ihm von Liebe, Achtung und Freundschaft bald zugeführt werden sollte; in zärtlichem, lebhaftem Gespräch genossen sie die Vorfreuden des Glücks und machten ihre Pläne für ein wunderbares Leben. Da trat ein Kammerdiener der Frau Mutter ganz aufgeregt ins Zimmer. «Jetzt gibt's was Neues», sagte er, «die Gerichtsvollzieher räumen das Haus von Herrn und Frau Marquis aus, es ist alles von den Gläubigern gepfändet worden, es ist sogar vom Schuldturm die Rede, und ich muß mich jetzt sputen, um meinen Lohn ausgezahlt zu bekommen.» — «Einen Augenblick», sagte der Marquis, «was ist das, was soll das heißen, die Geschichte da.» — «Ja», sagte die Witwe, «gehen Sie und maßregeln Sie diese Kerle, rasch.» Er läuft hin und tritt ins Haus, aber sein Vater war schon verhaftet; die Dienst-

les domestiques avaient fui chacun de leur côté, en emportant tout ce qu'ils avaient pu. Sa mère était seule, sans secours, sans consolation, noyée dans les larmes; il ne lui restait rien que le souvenir de sa fortune, de sa beauté, de ses fautes, et de ses folles dépenses.

Après que le fils eut longtemps pleuré avec la mère, il lui dit enfin: «Ne nous désespérons pas; cette jeune veuve m'aime éperdument; elle est plus généreuse encore que riche, je réponds d'elle; je vole à elle, et je vais vous l'amener.» Il retourne donc chez sa maîtresse, il la trouve tête à tête avec un jeune officier fort aimable. «Quoi! c'est vous, monsieur de La Jeannotière; que venez-vous faire ici? abandonne-t-on ainsi sa mère? Allez chez cette pauvre femme, et dites-lui que je lui veux toujours du bien: j'ai besoin d'une femme de chambre, et je lui donnerai la préférence. — Mon garçon, tu me parais assez bien tourné, lui dit l'officier; si tu veux entrer dans ma compagnie je te donnerai un bon engagement.»

Le marquis stupéfait, la rage dans le cœur, alla chercher son ancien gouverneur, déposa ses douleurs dans son sein, et lui demanda des conseils. Celui-ci lui proposa de se faire, comme lui, gouverneur d'enfants. «Hélas! je ne sais rien, vous ne m'avez rien appris, et vous êtes la première cause de mon malheur»; et il sanglotait en lui parlant ainsi. «Faites des romans, lui dit un bel esprit qui était là; c'est une excellente ressource à Paris.»

Le jeune homme plus désespéré que jamais, courut chez le confesseur de sa mère: c'était un théatin très accrédité, qui ne dirigeait que les femmes de la pre-

boten hatten sich in alle Winde verstreut und alles Erreichbare mitgenommen. Seine Mutter war allein, hilflos und ohne Trost in Tränen aufgelöst zurückgeblieben; es blieb ihr nichts als die Erinnerung an ihren Reichtum, ihre Schönheit, ihre Fehler und ihre unsinnigen Ausgaben.

Nachdem der Sohn lange mit seiner Mutter geweint hatte, sagte er endlich zu ihr: «Wir wollen nicht verzweifeln. Die junge Witwe liebt mich über die Maßen, sie ist noch freigebiger, als sie reich ist, dafür stehe ich ein. Ich fliege zu ihr und werde sie Ihnen herbringen.» Er kehrt zu seiner Geliebten zurück und findet sie unter vier Augen mit einem reizenden jungen Offizier. «Ach, Sie sind es, Herr von La Jeannotière, was suchen Sie hier? Verläßt man so seine Mutter? Gehen Sie zu der armen Frau und sagen Sie ihr, ich sei ihr nach wie vor wohlgesonnen; ich brauche eine Kammerfrau und will ihr gern den Vorzug geben.» – «Mein Junge, du scheinst mir ganz gut geraten zu sein», sagte der Offizier zu ihm, «wenn du in meine Kompanie eintreten willst, gebe ich dir eine gute Stelle.»

Der Marquis war wie vor den Kopf geschlagen. Das Herz voll Ingrimm suchte er seinen ehemaligen Hauslehrer auf, legte seine Schmerzen in dessen Schoß nieder und bat ihn um Rat. Der schlug ihm vor, wie er Hauslehrer zu werden. «Ach, ich weiß doch nichts, Ihr habt mich nichts gelehrt, Ihr seid der Hauptgrund meines Unglücks», sagte der Marquis und schluchzte dabei. «Schreiben Sie Romane», schlug ein zufällig anwesender Schöngeist vor, «das ist in Paris eine großartige Geldquelle.»

Der junge Mann, verzweifelter denn je, lief zum Beichtvater seiner Mutter, einem sehr angesehenen Theatiner, der nur Frauen von höchstem Rang betreute. Kaum sah der ihn,

mière considération; dès qu'il le vit, il se précipita vers lui. «Eh! mon Dieu! monsieur le marquis, où est votre carrosse? comment se porte la respectable madame la marquise votre mère?» Le pauvre malheureux lui conta le désastre de sa famille. A mesure qu'il s'expliquait, le théatin prenait une mine plus grave, plus indifférente, plus imposante: «Mon fils, voilà où Dieu vous voulait; les richesses ne servent qu'à corrompre le cœur; Dieu a donc fait la grâce à votre mère de la réduire à la mendicité? — Oui, monsieur. — Tant mieux, elle est sûre de son salut. — Mais, mon père, en attendant, n'y aurait-il pas moyen d'obtenir quelque secours dans ce monde? — Adieu, mon fils; il y a une dame de la cour qui m'attend.»

Le marquis fut prêt à s'évanouir; il fut traité à peu près de même par ses amis, et apprit mieux à connaître le monde dans une demi-journée que dans tout le reste de sa vie.

Comme il était plongé dans l'accablement du désespoir, il vit avancer une chaise roulante à l'antique, espèce de tombereau couvert, accompagné de rideaux de cuir, suivi de quatre charrettes énormes toutes chargées. Il y avait dans la chaise un jeune homme grossièrement vêtu; c'était un visage rond et frais qui respirait la douceur et la gaieté. Sa petite femme brune, et assez grossièrement agréable, était cahotée à côté de lui. La voiture n'allait pas comme le char d'un petit-maître. Le voyageur eut tout le temps de contempler le marquis immobile, abîmé dans sa douleur. «Eh! mon Dieu! s'écria-t-il, je crois que c'est là Jeannot.» A ce nom, le marquis lève les yeux, la voiture s'arrête: «C'est Jeannot lui-même, c'est Jeannot.» Le petit homme rebondi ne

lief er ihm entgegen: «O mein Gott! Wo ist denn Eure Karosse, Herr Marquis? Wie geht es denn Ihrer Frau Mutter, der verehrungswürdigen Frau Marquise?» Der arme Unglückliche erzählte ihm von dem Schicksal seiner Familie. Je länger er berichtete, um so ernster, gleichgültiger, ehrfurchtgebietender wurde das Gesicht, das der Theatiner aufsetzte: «Mein Sohn, dahin wollte Gott Euch bringen, der Reichtum führt nur zur Verderbnis des Herzens. So hat Gott also Eurer Mutter die Gnade erwiesen, sie an den Bettelstab zu bringen?» – «Ja.» – «Um so besser, sie ist ihres Seelenheils gewiß.» – «Aber Hochwürden, gäbe es nicht für den Augenblick eine Möglichkeit, in dieser Welt irgendeine Hilfe zu finden?» – «Lebt wohl, mein Sohn, eine Dame vom Hofe erwartet mich.»

Der Marquis war einer Ohnmacht nahe. Seine Freunde behandelten ihn ganz ähnlich, und in einem halben Tag lernte er die Welt besser kennen als während seines ganzen bisherigen Lebens.

Als er so in der schwärzesten Verzweiflung steckte, sah er eine altmodische Kutsche auf sich zufahren, eine Art Bauernwagen mit Verdeck und Ledervorhängen, dem vier riesige, hochbeladene Karren folgten. In der Kutsche saß ein derb gekleideter junger Mann mit rundem, frischem, vor Güte und Fröhlichkeit strahlendem Gesicht. Seine kleine, brünette, auf ihre einfache Art erfreulich anzusehende Frau ließ sich neben ihm durchschütteln. Der Wagen fuhr nicht wie das Fahrzeug eines Stutzers: der Reisende hatte reichlich genug Zeit, den still dastehenden, in seinen Schmerz versunkenen Marquis zu betrachten. «Ha, mein Gott!» rief er aus. «Ich glaube, das ist Jeannot.» Bei diesem Namen hebt der Marquis die Augen. Der Wagen bleibt stehen. «Das ist Jeannot, Jeannot in Person!» Der kleine, rundliche Mann ist mit einem Satz vom Wagen und fällt sei-

fait qu'un saut, et court embrasser son ancien camarade. Jeannot reconnut Colin; la honte et les pleurs couvrirent son visage. «Tu m'as abandonné, dit Colin; mais tu as beau être grand seigneur, je t'aimerai toujours.» Jeannot, confus et attendri, lui conta en sanglotant, une partie de son histoire. «Viens dans l'hôtellerie où je loge me conter le reste, lui dit Colin; embrasse ma petite femme, et allons dîner ensemble.»

Ils vont tous trois à pied, suivis du bagage. «Qu'est-ce donc que tout cet attirail? vous appartient-il? — Oui, tout est à moi et à ma femme. Nous arrivons du pays; je suis à la tête d'une bonne manufacture de fer étamé et de cuivre. J'ai épousé la fille d'un riche négociant en ustensiles nécessaires aux grands et aux petits; nous travaillons beaucoup; Dieu nous bénit; nous n'avons point changé d'état; nous sommes heureux, nous aiderons notre ami Jeannot. Ne sois plus marquis; toutes les grandeurs de ce monde ne valent pas un bon ami. Tu reviendras avec moi au pays, je t'apprendrai le métier, il n'est pas bien difficile; je te mettrai de part, et nous vivrons gaiement dans le coin de terre où nous sommes nés.»

Jeannot, éperdu, se sentait partagé entre la douleur et la joie, la tendresse et la honte; et il se disait tout bas: «Tous mes amis du bel air m'ont trahi, et Colin, que j'ai méprisé, vient seul à mon secours. Quelle instruction!» La bonté d'âme de Colin développa dans le cœur de Jeannot le germe du bon naturel, que le monde n'avait pas encore étouffé. Il sentit qu'il ne pouvait abandonner son père et sa mère. «Nous aurons soin de ta mère, dit Colin; et quant à ton bonhomme

nem alten Schulkameraden um den Hals. Jeannot erkannte
Colin; Scham und Tränen bedeckten sein Gesicht. «Du hast
mich im Stich gelassen», sagte Colin, «aber auch wenn du jetzt
ein Grandseigneur bist, werde ich dich immer liebbehalten.»
Verwirrt und gerührt erzählte ihm Jeannot schluchzend einen
Teil seiner Geschichte. «Komm in das Gasthaus, wo ich wohne,
und erzähl mir den Rest», sagte Colin zu ihm, «gib meiner
kleinen Frau einen Kuß und geh mit uns zum Abendessen.»

Alle drei gehen zu Fuß, das Gepäck folgt. «Was sind denn
das für Siebensachen, gehören die dir?» – «Ja, das gehört
alles mir und meiner Frau. Wir kommen von daheim; ich leite
eine gute Fabrik für Kupfer und verzinntes Eisen. Ich habe
die Tochter eines reichen Händlers in Bedarfsgegenständen
für groß und klein geheiratet. Wir arbeiten viel, Gott gibt uns
seinen Segen. Wir haben unseren Stand nicht geändert, sind
glücklich und werden jetzt unserem Freund Jeannot helfen.
Gib den Marquis auf; alle Ehren dieser Welt sind nicht so viel
wert wie ein guter Freund. Du kommst mit mir heim, ich
lehre dich unser Gewerbe, das nicht besonders schwierig ist,
ich mache dich zum Teilhaber, und dann leben wir lustig in
dem Erdenwinkel, wo wir geboren sind.»

Der verwirrte Jeannot war zwischen Schmerz und Freude,
Zuneigung und Scham hin und her gerissen und sagte bei sich:
«Alle meine vornehmen Freunde haben mich verraten, und
Colin, den ich verachtet habe, kommt mir als einziger zu Hilfe.
Welch eine Lehre!» Colins Herzensgüte ließ in Jeannots Brust
den Keim der natürlichen Gutartigkeit aufsprießen, den die
Welt noch nicht erstickt hatte: er bedachte, daß er seinen Va-
ter und seine Mutter nicht verlassen dürfe. «Um deine Mutter
kümmern wir uns», sagte Colin, «und was deinen Vater an-
geht: der gute Mann sitzt zwar im Gefängnis, aber ich kenne

de père, qui est en prison, j'entends un peu les affaires ; ses créanciers, voyant qu'il n'a plus rien s'accommoderont pour peu de chose ; je me charge de tout.» Colin fit tant qu'il tira le père de prison. Jeannot retourna dans sa patrie avec ses parents, qui reprirent leur première profession. Il épousa une sœur de Colin, laquelle, étant de même humeur que le frère, le rendit très heureux. Et Jeannot le père, et Jeannotte la mère, et Jeannot le fils, virent que le bonheur n'est pas dans la vanité.

mich ein wenig aus in Geschäften. Wenn seine Gläubiger merken, daß er nichts mehr hat, werden sie sich mit wenig befriedigen lassen, dafür laß mich sorgen.» Und Colin brachte es fertig, den Vater aus dem Gefängnis zu lösen. Jeannot kehrte mit seinen Eltern in die Heimat zurück, wo sie ihren alten Beruf wieder aufnahmen. Er heiratete eine Schwester von Colin, die ihn, weil sie von gleicher Art war wie ihr Bruder, sehr glücklich machte. Und Vater Jeannot und Mutter Jeannot und Sohn Jeannot sahen, daß im eitlen Stolz das Glück nicht liegt.

Denis Diderot: Les Deux Amis de Bourbonne

1.

Il y avait ici deux hommes, qu'on pourrait appeler les
Oreste et Pylade de Bourbonne. L'un se nommait Olivier, et l'autre Félix; ils étaient nés le même jour, dans
la même maison, et des deux sœurs. Ils avaient été nourris
du même lait; car l'une des mères étant morte en couche,
l'autre se chargea des deux enfants. Ils avaient été élevés
ensemble; ils étaient toujours séparés des autres; ils
s'aimaient comme on existe, comme on vit, sans s'en
douter; ils le sentaient à tout moment, et ils ne se
l'étaient peut-être jamais dit. Olivier avait une fois
sauvé la vie à Félix, qui se piquait d'être grand na-
geur, et qui avait failli de se noyer; ils ne s'en sou-
venaient ni l'un ni l'autre. Cent fois, Félix avait tiré
Olivier des aventures fâcheuses où son caractère im-
pétueux l'avait engagé; et jamais celui-ci n'avait son-
gé à l'en remercier: ils s'en retournaient ensemble
à la maison, sans se parler, ou en parlant d'autre
chose.

Lorsqu'on tira pour la milice, le premier billet fatal
étant tombé sur Félix, Olivier dit: «L'autre est pour
moi.» Ils firent leur temps de service; ils revinrent au
pays: plus chers l'un à l'autre qu'ils ne l'étaient encore
auparavant, c'est ce que je ne saurais vous assurer: car,
petit frère, si les bienfaits réciproques cimentent les
amitiés réfléchies, peut-être ne font-ils rien à celles que
j'appellerais volontiers des amitiés animales et domestiques. A l'armée, dans une rencontre, Olivier étant

Denis Diderot: Die zwei Freunde von Bourbonne

1.

Es hat in unserer Gegend einmal zwei Männer gegeben, die
man als die Orestes und Pylades von Bourbonne bezeichnen
könnte. Der eine hieß Olivier, der andere Felix; sie waren am
selben Tage im selben Hause und von zwei Schwestern geboren. Sie wurden mit derselben Milch aufgezogen; denn weil
die eine der Mütter im Kindbett gestorben war, hatte die andere beide Kinder in ihre Obhut genommen. Sie waren zusammen aufgezogen worden und hielten sich immer von den anderen fern: sie liebten einander wie man existiert, wie man
lebt – ohne darüber nachzudenken; sie spürten es in jedem
Augenblick und hatten es einander wohl nie gesagt. Olivier
hatte Felix, der sich etwas darauf einbildete, ein großer Schwim-
mer zu sein, und beinahe ertrunken wäre, einmal das Leben
gerettet; sie erinnerten sich beide nicht mehr daran. Felix
hatte Olivier hundertmal aus bösen Lagen gerettet, in die ihn
sein ungestümer Charakter gebracht hatte; und nie hatte der
daran gedacht, ihm dafür zu danken: sie gingen danach zusammen heim und sprachen gar nicht oder von etwas anderem.
Als die Militärpflichtigen ausgelost wurden, fiel das erste
verhängnisvolle Los auf Felix, und Olivier erklärte: «Das
nächste ist für mich.» Sie leisteten ihre Dienstzeit ab und kamen zurück in die Heimat; daß sie einander noch lieber ge-
wonnen hatten als zuvor, möchte ich gar nicht sagen, denn,
kleiner Bruder, gegenseitige Wohltaten festigen zwar Ver-
nunftfreundschaft, ändern aber doch wohl nichts an solcher,
die ich animalische oder häusliche Freundschaften nennen
möchte. Als Olivier bei der Armee in einem Treffen Gefahr

menacé d'avoir la tête fendue d'un coup de sabre, Félix
se mit machinalement au-devant du coup, et en resta
balafré : on prétend qu'il était fier de cette blessure ;
pour moi, je n'en crois rien. A Hastembeck, Olivier
avait retiré Félix d'entre la foule des morts, où il était
demeuré. Quand on les interrogeait, ils parlaient quelquefois des secours qu'ils avaient reçus l'un de l'autre,
jamais de ceux qu'ils avaient rendus l'un à l'autre.
Olivier disait de Félix. Félix disait d'Olivier ; mais ils
ne se louaient pas. Au bout de quelque temps de séjour
au pays, ils aimèrent ; et le hasard voulut que ce fût la
même fille. Il n'y eut entre eux aucune rivalité ; le premier qui s'aperçut de la passion de son ami se retira : ce
fut Félix. Olivier épousa ; et Félix, dégoûté de la vie
sans savoir pourquoi, se précipita dans toutes sortes de
métiers dangereux ; le dernier fut de se faire contre-
bandier.

Vous n'ignorez pas, petit frère, qu'il y a quatre tribu-
naux en France : Caen, Reims, Valence et Toulouse, où
les contrebandiers sont jugés ; et que le plus sévère des
quatre, c'est celui de Reims, où préside un nommé
Coleau, l'âme la plus féroce que la nature ait encore
formée. Félix fut pris, les armes à la main, conduit
devant le terrible Coleau, et condamné à mort, comme
cinq cents autres qui l'avaient précédé. Olivier apprit
le sort de Félix. Une nuit, il se lève d'à côté de sa femme,
et, sans rien lui dire, il s'en va à Reims. Il s'adresse au
juge Coleau ; il se jette à ses pieds, et lui demande la
grâce de voir et d'embrasser Félix. Coleau le regarde,
se tait un moment, et lui fait signe de s'asseoir. Olivier
s'assied. Au bout d'une demi-heure, Coleau tire sa

lief, den Schädel durch einen Säbelhieb gespalten zu bekommen, warf sich Felix instinktiv in den Schlag und behielt einen Schmiß: die Leute behaupteten, er sei stolz auf diese Verletzung; aber das glaube ich nicht. Olivier hatte bei Hastenbeck Felix aus der Menge der Toten, zwischen denen er liegengeblieben war, herausgefunden. Wenn man sie fragte, so sprachen sie manchmal von der Hilfe, die einer vom anderen erhalten hatte, nie von der, die einer dem anderen geleistet hatte. Olivier sprach von Felix, Felix sprach von Olivier, aber sie lobten einander nie. Nachdem sie eine Zeitlang in der Heimat waren, verliebten sie sich, und der Zufall wollte es, daß es dasselbe Mädchen war. Es gab keine Rivalität zwischen den beiden; der erste, der die Leidenschaft seines Freundes bemerkte, zog sich zurück: das war Felix. Olivier heiratete, und Felix, dem das Leben verleidet war, ohne daß er wußte warum, stürzte sich in alle möglichen Tätigkeiten; zuletzt wurde er Schmuggler.

Du weißt wohl, kleiner Bruder, daß es in Frankreich vier Gerichte gibt, von denen die Schmuggler abgeurteilt werden, Caen, Reims, Valence und Toulouse, und daß das strengste von den vier das von Reims ist mit seinem Vorsitzenden Coleau, der unerbittlichsten Seele, welche die Natur bis heute gebildet hat. Felix wurde mit der Waffe in der Hand aufgegriffen, vor den schrecklichen Coleau geführt und zum Tode verurteilt wie fünfhundert andere, die ihm vorausgegangen waren. Olivier hörte von Felix' Schicksal. Eines Nachts steht er auf von der Seite seiner Frau und geht nach Reims, ohne ihr etwas zu sagen. Er wendet sich an den Richter Coleau, er wirft sich ihm zu Füßen und bittet ihn um die Vergünstigung, Felix sehen und umarmen zu dürfen. Coleau sieht ihn an, schweigt einen Augenblick lang und macht ihm ein Zeichen,

montre et dit à Olivier : «Si tu veux voir et embrasser
ton ami vivant, dépêche-toi, il est en chemin ; et si ma
montre va bien, avant qu'il soit dix minutes, il sera
pendu.» Olivier, transporté de fureur, se lève, décharge
sur la nuque du cou au juge Coleau un énorme coup
de bâton, dont il l'étend presque mort ; court vers la
place, arrive, crie, frappe le bourreau, frappe les gens
de la justice, soulève la populace indignée de ces exécu-
tions. Les pierres volent ; Félix délivré s'enfuit ; Olivier
songe à son salut ; mais un soldat de la maréchaussée
lui avait percé les flancs d'un coup de baïonnette, sans
qu'il s'en fût aperçu. Il gagna la porte de la ville, mais
il ne put aller plus loin ; des voituriers charitables le
jetèrent sur leur charrette, et le déposèrent à la porte
de sa maison, un moment avant qu'il expirât ; il n'eut
que le temps de dire à sa femme : «Femme, approche
que je t'embrasse : je me meurs, mais le balafré est
sauvé.»

Un soir que nous allions à la promenade, selon notre
usage, nous vîmes au-devant d'une chaumière une
grande femme debout, avec quatre petits enfants à ses
pieds ; sa contenance triste et ferme attira notre attention, et notre attention fixa la sienne. Après un moment
de silence, elle nous dit : «Voilà quatre petits enfants,
je suis leur mère, et je n'ai plus de mari.» Cette manière
haute de solliciter la commisération était bien faite pour
nous toucher. Nous lui offrîmes nos secours, qu'elle
accepta avec honnêteté : c'est à cette occasion que nous
avons appris l'histoire de son mari Olivier et de Félix
son ami. Nous avons parlé d'elle, et j'espère que notre
recommandation ne lui aura pas été inutile. Vous voyez,

er solle sich setzen. Olivier setzt sich. Eine halbe Stunde später zieht Coleau seine Uhr und sagt zu Olivier: «Wenn du deinen Freund noch lebend sehen und umarmen willst, so beeil dich; er ist schon unterwegs, und wenn meine Uhr richtig geht, wird er gehenkt, bevor zehn Minuten um sind.» Olivier erhebt sich wutentbrannt und versetzt dem Richter Coleau einen furchtbaren Knüppelschlag auf den Nacken, der ihn fast tot zu Boden streckt. Er läuft zum Platz, kommt hin, schreit, prügelt den Henker, prügelt die Justizbeamten, wiegelt die Volksmenge auf, die ohnehin über diese Hinrichtung entrüstet ist. Die Steine fliegen, der befreite Felix flüchtet, auch Olivier denkt an seine Rettung, aber ein Soldat der Gendarmerie hat ihm mit einem Bajonettstoß die Seite durchbohrt, ohne daß er es gleich merkt. Er erreicht das Stadttor, aber er kann nicht weiter; barmherzige Fuhrleute werfen ihn auf ihren Karren und legen ihn vor die Tür seines Hauses, kurz bevor er stirbt – er hat gerade noch Zeit, zu seiner Frau zu sagen: «Frau, komm, laß dich umarmen; ich sterbe, aber der Narbige ist gerettet.»

Eines Abends, als wir nach unserer Gewohnheit einen Spaziergang machten, sahen wir vor einer Strohhütte eine große Frau stehen mit vier kleinen Kindern zu ihren Füßen; ihre ernste, feste Haltung zog unsere Aufmerksamkeit auf sie, und unsere Aufmerksamkeit erweckte die ihre. Nach einem Augenblick des Schweigens sagte sie zu uns: «Sehen Sie die vier Kinder – ich bin ihre Mutter, und ich habe keinen Mann mehr.» Diese stolze Art, das Mitleid zu erregen, war ganz dazu angetan, uns anzurühren. Wir boten ihr unsere Hilfe an, die sie sehr sittsam annahm. Bei dieser Gelegenheit haben wir die Geschichte von ihrem Gatten Olivier und seinem Freund Felix gehört. Wir haben von ihrem Fall erzählt, und ich hoffe, daß unsere Empfehlung nicht ohne Nutzen für sie gewesen ist. Sie

petit frère, que la grandeur d'âme et les hautes qualités sont de toutes les conditions et de tous les pays ; que tel meurt obscur, à qui il n'a manqué qu'un autre théâtre ; et qu'il ne faut pas aller jusque chez les Iroquois pour trouver deux amis.

Dans le temps que le brigand Testalunga infestait la Sicile avec sa troupe, Romano, son ami et son confident, fut pris. C'était le lieutenant de Testalunga, et son second. Le père de ce Romano fut arrêté et emprisonné pour crimes. On lui promit sa grâce et sa liberté, pourvu que Romano trahît et livrât son chef Testalunga. Le combat entre la tendresse filiale et l'amitié jurée fut violent. Mais Romano père persuada son fils de donner la préference à l'amitié, honteux de devoir la vie à une trahison. Romano se rendit à l'avis de son père. Romano père fut mis à mort ; et jamais les tortures les plus cruelles ne purent arracher de Romano fils la délation de ses complices.

2.

Vous avez désiré, petit frère, de savoir ce qu'est devenu Félix ; c'est une curiosité si simple, et le motif en est si louable, que nous nous sommes un peu reproché de ne l'avoir pas eue. Pour réparer cette faute, nous avons pensé d'abord à M. Papin, docteur en théologie, et curé de Sainte-Marie à Bourbonne : mais maman s'est ravisée ; et nous avons donné la préférence au subdélégué Aubert, qui est un bon homme, bien rond, et qui nous a envoyé le récit suivant, sur la vérité duquel vous pouvez compter :

sehen, kleiner Bruder, daß Seelengröße und edle Eigenschaften sich in allen Ständen und allen Ländern finden; so mancher stirbt als Unbekannter, dem nur eine andere Bühne gefehlt hat, und wir brauchen nicht bis zu den Irokesen zu gehen, um zwei Freunde zu finden.

Zu der Zeit, als der Brigant Testalunga mit seiner Bande Sizilien unsicher machte, wurde sein Freund und Vertrauter Romano gefangengenommen. Er war Testalungas Leutnant und rechte Hand. Romanos Vater wurde wegen irgendwelcher Verbrechen verhaftet und eingekerkert. Man versprach ihm Gnade und Freiheit, wenn Romano seinen Anführer Testalunga verriete und auslieferte. Heftig war der Widerstreit zwischen der Sohnesliebe und der beschworenen Freundschaft. Aber Vater Romano, der sich schämte, sein Leben einem Verrat verdanken zu sollen, überzeugte seinen Sohn, der Freundschaft den Vorrang zu geben. Romano beugte sich dem Rat seines Vaters. Vater Romano wurde hingerichtet, und die grausamsten Foltern konnten dem jungen Romano nicht die Preisgabe seiner Kumpane entreißen.

2.

Sie haben wissen wollen, kleiner Bruder, was aus Felix geworden ist. Das ist eine so einfache Neugier mit einem so lobenswerten Motiv, daß wir uns ein wenig Vorwürfe gemacht haben, sie nicht selber gehabt zu haben. Um dieses Versäumnis gutzumachen, haben wir zunächst an Herrn Papin, Doktor der Theologie und Pfarrer an Sankt Marien zu Bourbonne, gedacht. Aber Mutter hat sich anders besonnen, und wir haben dem Subdelegierten Aubert den Vorzug gegeben, einem gutherzigen, geraden Manne, der uns den folgenden Bericht geschickt hat, auf dessen Wahrheit Sie sich verlassen können:

«Le nommé Félix vit encore. Échappé des mains de la justice, il se jeta dans les forêts de la province, dont il avait appris à connaître les tours et les détours pendant qu'il faisait la contrebande, cherchant à s'approcher peu à peu de la demeure d'Olivier, dont il ignorait le sort.

«Il y avait au fond d'un bois, où vous vous êtes promenée quelquefois, un charbonnier dont la cabane servait d'asile à ces sortes de gens; c'était aussi l'entrepôt de leurs marchandises et de leurs armes: ce fut là que Félix se rendit, non sans avoir couru le danger de tomber dans les embûches de la maréchaussée, qui le suivait à la piste. Quelques-uns de ses associés y avaient porté la nouvelle de son emprisonnement à Reims; et le charbonnier et la charbonnière le croyaient justicié, lorsqu'il leur apparut.

«Je vais vous raconter la chose, comme je la tiens de la charbonnière, qui est décédée ici, il n'y a pas longtemps.

«Ce furent ses enfants, en rôdant autour de la cabane, qui le virent les premiers. Tandis qu'il s'arrêtait à caresser le plus jeune, dont il était le parrain, les autres entrèrent dans la cabane en criant: «Félix! Félix!» Le père et la mère sortirent en répétant le même cri de joie; mais ce misérable était si harassé de fatigue et de besoin, qu'il n'eut pas la force de répondre, et qu'il tomba presque défaillant entre leurs bras.

«Ces bonnes gens le secoururent de ce qu'ils avaient, lui donnèrent du pain, du vin, quelques légumes: il mangea, et s'endormit.

«A son réveil, son premier mot fut: «Olivier! Enfants, ne savez-vous rien d'Olivier? — «Non», lui répon-

«Der erwähnte Felix lebt noch. Nachdem er sich dem Zugriff der Justiz entzogen hatte, floh er in die Wälder der Provinz, in denen er von seiner Schmugglerzeit her Weg und Steg kannte, und versuchte, sich nach und nach der Behausung von Olivier zu nähern, dessen Schicksal er nicht erfahren hatte.

Tief in einem Wald, in dem Sie sich zuweilen ergangen haben, lebte damals ein Köhler, dessen Hütte dieser Art von Leuten als Unterschlupf diente; sie hielten dort auch ihre Waren und Waffen versteckt. Zu dieser Hütte begab sich Felix, nicht ohne mehrmals in Gefahr gewesen zu sein, der berittenen Polizei, die seine Spur verfolgte, in die Falle zu gehen. Einige seiner Spießgesellen hatten die Nachricht von seiner Gefangenschaft zu Reims schon in die Hütte getragen, und der Köhler und die Köhlersfrau glaubten, er sei längst hingerichtet, als er vor sie hintrat.

Ich will Ihnen die Sache erzählen, so wie ich sie von der Köhlersfrau gehört habe, die erst vor kurzem hier gestorben ist.

Deren Kinder entdeckten ihn zuerst, wie er um die Hütte schlich. Während er stehen blieb, um das jüngste zu streicheln, dessen Pate er war, liefen die anderen in die Hütte und riefen: ‹Felix! Felix!› Der Vater und die Mutter kamen heraus, indem sie denselben Freudenruf wiederholten, aber der Ärmste war so elend vor Erschöpfung und Entbehrung, daß er keine Kraft zu einer Antwort hatte und ihnen fast ohnmächtig in die Arme sank.

Die guten Leute erfrischten ihn mit dem, was sie hatten, sie gaben ihm Brot, Wein und ein wenig Gemüse: er aß und schlief ein.

Sein erstes Wort beim Erwachen war: ‹Olivier! Kinder, wißt ihr nichts von Olivier?› – ‹Nein›, gaben sie ihm zur Antwort.

dirent-ils. Il leur raconta l'aventure de Reims; il passa la nuit et le jour suivant avec eux. Il soupirait, il prononçait le nom d'Olivier; il le croyait dans les prisons de Reims; il voulait y aller, il voulait aller mourir avec lui; et ce ne fut pas sans peine que le charbonnier et la charbonnière le détournèrent de ce dessein.

«Sur le milieu de la seconde nuit, il prit un fusil, il mit un sabre sous son bras, et s'adressant à voix basse au charbonnier... «Charbonnier! — Félix! — Prends ta cognée, et marchons. — Où! — Belle demande! chez Olivier.» Ils vont; mais, tout en sortant de la forêt, les voilà enveloppés d'un détachement de maréchaussée.

«Je m'en rapporte à ce que m'en a dit la charbonnière; mais il est inouï que deux hommes à pied aient pu tenir contre une vingtaine d'hommes à cheval: apparemment que ceux-ci étaient épars, et qu'ils voulaient se saisir de leur proie en vie. Quoi qu'il en soit, l'action fut très chaude; il y eut cinq chevaux d'estropiés et sept cavaliers de hachés ou sabrés. Le pauvre charbonnier resta mort sur la place d'un coup de feu à la tempe; Félix regagna la forêt; et comme il est d'une agilité incroyable, il courait d'un endroit à l'autre; en courant, il chargeait son fusil, tirait, donnait un coup de sifflet. Ces coups de sifflet, ces coups de fusil donnés, tirés à différents intervalles et de différents côtés, firent craindre aux cavaliers de maréchaussée qu'il n'y eût là une horde de contrebandiers; et ils se retirèrent en diligence.

«Lorsque Félix les vit éloignés, il revint sur le champ de bataille; il mit le cadavre du charbonnier sur ses épaules, et reprit le chemin de la cabane, où la

Er erzählte ihnen, was in Reims geschehen war, und verbrachte die Nacht und den folgenden Tag bei ihnen. Er seufzte und nannte immer wieder Oliviers Namen; er vermutete ihn im Gefängnis zu Reims und wollte hingehen, hingehen und mit ihm sterben; nur mit Mühe brachten ihn der Köhler und die Köhlersfrau von diesem Vorhaben ab.

Um die Mitte der zweiten Nacht ergriff er sein Gewehr, nahm einen Säbel unter den Arm und sagte leise zu dem Köhler: ‹Köhler!› – ‹Felix?› – ‹Nimm deine Axt und komm mit!› ‹Wohin?› – ‹Schöne Frage! Zu Olivier!› – Sie machen sich auf den Weg, aber beim Verlassen des Waldes sehen sie sich von einer Abteilung Berittener umzingelt.

Ich kann mich auf das berufen, was die Köhlersfrau mir selbst davon erzählt hat; dennoch ist es kaum zu glauben, daß zwei Männer zu Fuß etwa zwanzig Mann zu Pferd standgehalten haben sollen; offenbar waren die letzteren verstreut und wollten ihre Beute lebend fangen. Wie dem auch sei, es war ein äußerst heißes Gefecht: fünf Pferde wurden verstümmelt und sieben Reiter mit Axt und Säbel zusammengehauen. Der arme Köhler blieb von einem Schuß in die Schläfe tot auf dem Platz, Felix gelangte zurück in den Wald, und weil er von einer unglaublichen Behendigkeit ist, lief er von einer Stelle zur anderen, lud im Laufen sein Gewehr, schoß und stieß schrille Pfiffe aus. Diese Pfiffe und Schüsse, die in verschiedenen Abständen und von verschiedenen Seiten her ertönten, ließen die Polizeireiter befürchten, daß eine ganze Schmugglerbande da sei, und sie machten sich eilig aus dem Staube.

Als Felix sah, daß sie fort waren, kehrte er auf den Kampfplatz zurück; er legte sich den Leichnam des Köhlers auf die Schultern und ging zurück zur Hütte, wo die Köhlersfrau und

charbonnière et ses enfants dormaient encore. Il s'arrête à la porte, il étend le cadavre à ses pieds, et s'assied, le dos appuyé contre un arbre et le visage tourné vers l'entrée de la cabane. Voilà le spectacle qui attendait la charbonnière, au sortir de sa baraque.

«Elle s'éveille, elle ne trouve point son mari à côté d'elle; elle cherche des yeux Félix, point de Félix. Elle se lève, elle sort, elle voit, elle crie, elle tombe à la renverse. Ses enfants accourent, ils voient, ils crient: ils se roulent sur leur père, ils se roulent sur leur mère. La charbonnière, rappelée à elle-même par le tumulte et les cris de ses enfants, s'arrache les cheveux, se déchire les joues. Félix, immobile au pied de son arbre, les yeux fermés, la tête renversée en arrière, leur disait d'une voix éteinte: «Tuez-moi.» Il se faisait un moment de silence; ensuite la douleur et les cris reprenaient, et Félix leur redisait: «Tuez-moi; enfants, par pitié, tuez-moi.»

«Ils passèrent ainsi trois jours et trois nuits à se désoler; le quatrième, Félix dit à la charbonnière: «Femme, prends ton bissac, mets-y du pain, et suis-moi.» Après un long circuit à travers nos montagnes et nos forêts, ils arrivèrent à la maison d'Olivier, qui est située, comme vous savez, à l'extrémité du bourg, à l'endroit où la voie se partage en deux routes, dont l'une conduit en Franche-Comté et l'autre en Lorraine.

«C'est là que Félix va apprendre la mort d'Olivier et se trouver entre les veuves de deux hommes massacrés à son sujet. Il entre, et dit brusquement à la femme Olivier: «Où est Olivier?» Au silence de cette femme, à son vêtement, à ses pleurs, il comprit qu'Olivier

ihre Kinder noch schliefen. Er bleibt vor der Tür stehen, legt den Leichnam zu seinen Füßen nieder und setzt sich, den Rükken gegen einen Baum gelehnt, das Gesicht dem Eingang der Hütte zugewandt. Dieser Anblick also erwartete die Köhlersfrau beim Verlassen ihrer armseligen Behausung.

Sie erwacht und findet ihren Ehemann nicht neben sich; sie sucht mit den Augen nach Felix, aber es ist kein Felix da. Sie steht auf, sie geht hinaus, sie sieht, sie schreit und fällt rücklings nieder. Ihre Kinder laufen herzu, sie sehen und schreien: sie werfen sich über ihren Vater, sie werfen sich über ihre Mutter. Als die Köhlersfrau durch das Lärmen und Weinen ihrer Kinder zu sich kommt, reißt sie sich die Haare aus und zerkrallt sich die Wangen. Felix sitzt regungslos mit geschlossenen Augen und zurückgeworfenem Kopf unter seinem Baum und sagt mit erstickter Stimme: ‹Tötet mich.› Dann trat ein Augenblick Ruhe ein, aber bald gewannen Schmerz und Weinen von neuem die Oberhand, und Felix sagte noch einmal zu ihnen: ‹Tötet mich, Kinder, aus Barmherzigkeit, tötet mich.›

So verbrachten sie drei Tage und drei Nächte mit Trauern; am vierten Tage sagte Felix zur Köhlersfrau: ‹Weib, nimm deinen Schultersack, tu Brot hinein und folge mir.› Nach einem langen Marsch durch die weite Runde unserer Berge und Wälder kamen sie an Oliviers Haus, das, wie Sie wissen, am Ende des Dorfes an der Stelle liegt, wo der Weg sich in zwei Straßen teilt, von denen die eine in die Freigrafschaft Burgund, die andere nach Lothringen führt.

Dort mußte Felix von Oliviers Tod erfahren und zwischen den Witwen der beiden Männer stehen, die für ihn erschlagen worden waren. Er trat ein und fragte Oliviers Frau hart: ‹Wo ist Olivier?› Am Schweigen dieser Frau, an ihrer Kleidung und ihren Tränen merkte er, daß Olivier nicht mehr lebte.

n'était plus. Il se trouva mal; il tomba et se fendit la tête contre la huche à pétrir le pain. Les deux veuves le relevèrent; son sang coulait sur elles; et tandis qu'elles s'occupaient à l'étancher avec leurs tabliers, il leur disait: «Et vous êtes leurs femmes, et vous me secourez!» Puis il défaillait, puis il revenait et disait en soupirant: «Que ne me laissait-il? Pourquoi s'en venir à Reims? Pourquoi l'y laisser venir?...» Puis sa tête se perdait, il entrait en fureur, il se roulait à terre et déchirait ses vêtements. Dans un de ces accès, il tira son sabre, et il allait s'en frapper; mais les deux femmes se jetèrent sur lui, crièrent au secours; les voisins accoururent: on le lia avec des cordes, et il fut saigné sept à huit fois. Sa fureur tomba avec l'épuisement de ses forces; et il resta comme mort pendant trois ou quatre jours, au bout desquels la raison lui revint. Dans le premier moment, il tourna ses yeux autour de lui, comme un homme qui sort d'un profond sommeil, et il dit: «Où suis-je? Femmes, qui êtes-vous?» La charbonnière lui répondit: «Je suis la charbonnière...» Il reprit: «Ah! oui, la charbonnière... Et vous?...» La femme Olivier se tut. Alors il se mit à pleurer, il se tourna du côté de la muraille, et dit en sanglotant: «Je suis chez Olivier... ce lit est celui d'Olivier... et cette femme qui est là, c'était la sienne! Ah!»

«Ces deux femmes en eurent tant de soin, elles lui inspirèrent tant de pitié, elles le prièrent si instamment de vivre, elles lui remontrèrent d'une manière si touchante qu'il était leur unique ressource, qu'il se laissa persuader.

«Pendant tout le temps qu'il resta dans cette maison,

Ihm schwanden die Sinne; er stürzte und schlug sich den Kopf am Backtrog auf. Die zwei Witwen hoben ihn auf; sein Blut floß über sie, und während sie sich bemühten, es mit ihren Schürzen zu stillen, sagte er zu ihnen: ‹Und ihr seid ihre Frauen, und ihr helft mir!› Dann wurde er ohnmächtig, kam aber wieder zu sich und sagte seufzend: ‹Warum hat er mich nicht meinem Schicksal überlassen? Warum ist er nach Reims gekommen? Warum hat man ihn hingelassen?...› Dann verwirrte sich sein Kopf; er geriet in Raserei, wälzte sich am Boden und zerriß seine Kleider. Bei einem dieser Anfälle zog er seinen Säbel und wollte sich selber damit schlagen, aber die zwei Frauen warfen sich auf ihn und riefen um Hilfe, die Nachbarn liefen herzu: er wurde mit Stricken gebunden und sieben- oder achtmal zur Ader gelassen. Seine Raserei ließ nach mit der Erschöpfung seiner Kräfte, und drei oder vier Tage lang blieb er wie tot liegen, nach deren Ablauf ihm der Verstand wieder kam. Im ersten Augenblick blickte er um sich herum wie ein Mensch, der aus einem tiefen Schlummer erwacht, und sagte: ‹Wo bin ich? Ihr Weiber, wer seid ihr?› Die Köhlersfrau gab ihm zur Antwort: ‹Ich bin die Köhlerin...› Er versetzte: ‹Ach ja, die Köhlerin... Und Ihr?› Oliviers Frau schwieg. Da begann er zu weinen; er drehte sich zur Wand und sagte schluchzend: ‹Ich bin in Oliviers Haus... Dies ist Oliviers Bett... Und dieses Weib hier ist sein Weib! Ach!›

Die zwei Frauen pflegten ihn so sorgfältig und erregten so sehr sein Mitleid, sie baten ihn so eindringlich, am Leben zu bleiben, sie gaben ihm auf so rührende Weise zu verstehen, daß er ihre einzige Hilfe sei, daß er sich schließlich überreden ließ.

Während der ganzen Zeit, die er in diesem Hause zubrachte,

il ne se coucha plus. Il sortait la nuit, il errait dans les champs, il se roulait sur la terre, il appelait Olivier; une des femmes le suivait et le ramenait au point du jour.

«Plusieurs personnes le savaient dans la maison d'Olivier; et parmi ces personnes il y en avait de malintentionnées. Les deux veuves l'avertirent du péril qu'il courait: c'était une après-midi, il était assis sur un banc, son sabre sur ses genoux, les coudes appuyés sur une table et ses deux poings sur ses deux yeux. D'abord il ne répondit rien. La femme Olivier avait un garçon de dix-sept à dix-huit ans, la charbonnière une fille de quinze. Tout à coup, il dit à la charbonnière: «La charbonnière, va chercher ta fille et amène-la ici...» Il avait quelques fauchées de prés, il les vendit. La charbonnière revint avec sa fille, le fils d'Olivier l'épousa: Félix leur donna l'argent de ses prés, les embrassa, leur demanda pardon en pleurant; et ils allèrent s'établir dans la cabane où ils sont encore et où ils servent de père et de mère aux autres enfants. Les deux veuves demeurèrent ensemble; et les enfants d'Olivier eurent un père et deux mères.

«Il y a à peu près un an et demi que la charbonnière est morte; la femme d'Olivier la pleure encore tous les jours.

«Un soir qu'elles épiaient Félix (car il y en avait une des deux qui le gardait toujours à vue), elles le virent qui fondait en larmes; il tournait en silence ses bras vers la porte qui le séparait d'elles, et il se remettait ensuite à faire son sac. Elles ne lui dirent rien, car elles comprenaient de reste combien son départ était néces-

legte er sich nicht mehr nieder. Er ging zur Nacht hinaus, er irrte über die Felder, er wälzte sich auf der Erde, er rief nach Olivier; eine der Frauen ging ihm nach und brachte ihn bei Tagesanbruch zurück.

Verschiedene Leute wußten, daß er sich in Oliviers Haus aufhielt, und unter ihnen waren auch Übelgesinnte. Die zwei Witwen klärten ihn auf über die Gefahr, in der er sich befand: das war an einem Nachmittag, als er auf einer Bank saß, seinen Säbel über den Knien, die Ellbogen auf einen Tisch gestützt und beide Fäuste vor den Augen. Zuerst gab er keine Antwort. Nun hatte Oliviers Frau einen Sohn von siebzehn oder achtzehn Jahren, die Köhlersfrau eine Tochter von fünfzehn. Plötzlich sagte er zur Köhlersfrau: ‹Köhlerin, geh, hole deine Tochter und bringe sie hierher...› Er hatte ein paar Tagwerk Wiesen, die verkaufte er. Die Köhlersfrau kam zurück mit ihrer Tochter, und Oliviers Sohn heiratete das Mädchen: Felix gab ihnen das Geld von seinen Wiesen, küßte sie und bat sie weinend um Verzeihung. Dann zogen sie in die Köhlerhütte, wo sie noch heute leben und den übrigen Kindern Vater und Mutter ersetzen. Die zwei Witwen blieben beisammen, so daß Oliviers Kinder einen Vater und zwei Mütter bekamen.

Es ist jetzt ungefähr anderthalb Jahre her, seit die Köhlersfrau gestorben ist; Oliviers Frau weint noch alle Tage um sie.

Eines Abends, als sie Felix beobachteten (denn eine der zwei behielt ihn stets im Auge), sahen sie, wie er in Tränen ausbrach; er wandte schweigend seine Arme gegen die Tür, die sie von ihnen trennte, und fuhr dann fort, seinen Sack zu packen. Sie sprachen ihn nicht an, denn sie wußten nur zu gut, wie notwendig seine Abreise war. Sie aßen alle drei zu Abend,

saire. Ils soupèrent tous les trois sans parler. La nuit, il se leva, les femmes ne dormaient point : il s'avança vers la porte sur la pointe des pieds. Là, il s'arrêta, regarda vers le lit des deux femmes, essuya ses yeux de ses mains et sortit. Les deux femmes se serrèrent dans les bras l'une de l'autre et passèrent le reste de la nuit à pleurer. On ignore où il se réfugia ; mais il n'y a guère eu de semaines qu'il ne leur ait envoyé quelques secours.

«La forêt où la fille de la charbonnière vit avec le fils d'Olivier appartient à un M. Leclerc de Rançonnières, homme fort riche et seigneur d'un autre village de ces cantons, appelé Courcelles. Un jour que M. de Rançonnières ou de Courcelles, comme il vous plaira, faisait une chasse dans sa forêt, il arriva à la cabane du fils d'Olivier ; il y entra, se mit à jouer avec les enfants, qui sont jolis ; il les questionna ; la figure de la femme, qui n'est pas mal, lui revint ; le ton ferme du mari, qui tient beaucoup de son père, l'intéressa ; il apprit l'aventure de leurs parents, il promit de solliciter la grâce de Félix ; il la sollicita et l'obtint.

«Félix passa au service de M. de Rançonnières, qui lui donna une place de garde-chasse.

«Il y avait environ deux ans qu'il vivait dans le château de Rançonnières, envoyant aux veuves une bonne partie de ses gages, lorsque l'attachement à son maître et la fierté de son caractère l'impliquèrent dans une affaire qui n'était rien dans son origine, mais qui eut les suites les plus fâcheuses.

«M. de Rançonnières avait pour voisin, à Courcelles, un M. Fourmont, conseiller au présidial de Ch... Les deux maisons n'étaient séparées que par une borne ;

ohne ein Wort zu sagen. In der Nacht stand er auf, die Frauen schliefen nicht. Er näherte sich auf Zehenspitzen der Tür. Dort blieb er stehen, blickte auf das Bett der zwei Frauen, wischte sich mit der Hand über die Augen und ging hinaus. Die zwei Frauen schlossen einander in die Arme und brachten den Rest der Nacht mit Weinen zu. Niemand weiß, wo er Zuflucht gesucht hat, aber es ist seitdem kaum eine Woche vergangen, in der er ihnen nicht irgendeine Unterstützung geschickt hat.

Der Wald, in dem die Tochter der Köhlersfrau mit Oliviers Sohn lebt, gehört einem Herrn Leclerc von Rançonnières, einem sehr reichen Manne, der zugleich Grundherr von Courcelles ist, einem anderen Dorf in unserer Gegend. Als Herr von Rançonnières oder von Courcelles, wie Sie wollen, in seinem Wald eine Jagd veranstaltete, stieß er auf die Hütte von Oliviers Sohn. Er trat hinein, begann mit den Kindern zu spielen, die wirklich hübsch sind, und fragte sie aus; das Antlitz der Frau, das nicht uneben ist, gefiel ihm; das feste Auftreten des Mannes, der viel von seinem Vater hat, erregte seine Aufmerksamkeit. Er vernahm die Geschichte ihrer Eltern und versprach, für Felix um Gnade nachzusuchen; das tat er und erlangte sie.

Felix trat in den Dienst von Herrn von Rançonnières, der ihm eine Stelle als Wildhüter gab.

Er lebte seit ungefähr zwei Jahren im Schloß von Rançonnières und schickte den Witwen einen guten Teil seines Lohnes, als die Anhänglichkeit an seinen Herrn und sein stolzes Wesen ihn in eine Angelegenheit verwickelten, die anfänglich eine Kleinigkeit war, aber die unangenehmste Folgen hatte.

Herr von Rançonnières hatte in Courcelles einen Nachbarn, einen Herrn Fourmont, Rat am Präsidialgericht von Ch.... Die beiden Häuser waren nur durch einen Grenzstein getrennt.

cette borne gênait la porte de M. de Rançonnières et en
rendait l'entrée difficile aux voitures. M. de Rançonnières la fit reculer de quelques pieds du côté de M.
Fourmont; celui-ci renvoya la borne d'autant sur M.
de Rançonnières; et puis voilà de la haine, des insultes,
un procès entre les deux voisins. Le procès de la borne
en suscita deux ou trois autres plus considérables. Les
choses en étaient là, lorsqu'un soir M. de Rançonnières,
revenant de la chasse, accompagné de son garde Félix,
fit rencontre, sur le grand chemin, de M. Fourmont le
magistrat et de son frère le militaire. Celui-ci dit à
son frère: «Mon frère, si l'on coupait le visage à ce
vieux bougre-là, qu'en pensez-vous?» Ce propos ne
fut pas entendu de M. de Rançonnières, mais il le fut
malheureusement de Félix, qui, s'adressant fièrement
au jeune homme, lui dit: «Mon officier, seriez-vous
assez brave pour vous mettre seulement en devoir de
faire ce que vous avez dit?» Au même instant, il pose
son fusil à terre et met la main sur la garde de son
sabre, car il n'allait jamais sans son sabre. Le jeune
militaire tire son épée, s'avance sur Félix; M. de Rançonnières accourt, s'interpose, saisit son garde. Cependant le militaire s'empare du fusil qui était à terre,
tire sur Félix, le manque; celui-ci riposte d'un coup de
sabre, fait tomber l'épée de la main au jeune homme,
et avec l'épée la moitié du bras: et voilà un procès
criminel en sus de trois ou quatre procès civils; Félix
confiné dans les prisons; une procédure effrayante; et,
à la suite de cette procédure, un magistrat dépouillé de
son état et presque déshonoré, un militaire exclu de son
corps, M. de Rançonnières mort de chagrin, et Félix,

Dieser Grenzstein stand der Tür von Herrn von Rançonnières im Wege und erschwerte den Wagen die Zufahrt. Herr von Rançonnières ließ den Stein um einige Fuß nach Herrn Fourmonts Seite zurücksetzen, dieser aber verrückte ihn um die gleiche Entfernung zu Herrn von Rançonnières hin – und schon gab es Haß, Beleidigungen und einen Prozeß zwischen den beiden Nachbarn. Der Prozeß um den Grenzstein war der Anstoß zu zwei oder drei weiteren, gewichtigeren. So stand die Sache, als Herr von Rançonnières auf dem Rückweg von der Jagd, begleitet von seinem Wildhüter Felix, auf der Landstraße Herrn Fourmont, dem Richter, und seinem Bruder, dem Offizier, begegnete. Der letztere sagte zu seinem Bruder: ‹Lieber Bruder, was halten Sie davon, wenn man dem alten Kerl das Gesicht zerhauen würde?› Herr von Rançonnières hörte diese Äußerung nicht, leider aber Felix, der den jungen Mann stolz anredete und zu ihm sagte: ‹Herr Offizier, sollten Sie tapfer genug sein, blankzuziehen und zu tun, was Sie gesagt haben?› Im gleichen Augenblick legt er sein Gewehr auf den Boden und berührt mit der Hand das Stichblatt seines Säbels, denn er ging nie ohne seinen Säbel. Der junge Soldat zieht seinen Degen und dringt auf Felix ein; Herr von Rançonnières springt zu, mengt sich ein, packt seinen Wildhüter. Unterdessen ergreift der Offizier das Gewehr, das auf dem Boden liegt, schießt auf Felix und verfehlt ihn; dieser antwortet mit einem Säbelhieb, schlägt dem jungen Mann den Degen aus der Hand und mit dem Degen einen halben Arm – Ergebnis: ein Strafprozeß zu den drei oder vier Zivilprozessen, Felix ins Gefängnis gesperrt, ein schreckliches, endloses Verfahren, und nach diesem ein seines Amtes enthobener und beinahe entehrter Richter, ein aus seinem Korps ausgestoßener Offizier, Herr von Rançonnières vor Kummer gestorben und Felix

dont la détention durait toujours, exposé à tout le ressentiment des Fourmont. Sa fin eût été malheureuse, si
l'amour ne l'eût secouru; la fille du geôlier prit de la
passion pour lui et facilita son évasion: si cela n'est
pas vrai, c'est du moins l'opinion publique. Il s'en est
allé en Prusse, où il sert aujourd'hui dans le régiment
des gardes. On dit qu'il y est aimé de ses camara-
des, et même connu du roi. Son nom de guerre est le
Triste; la veuve Olivier m'a dit qu'il continuait à la
soulager.

«Voilà, madame, tout ce que j'ai pu recueillir de
l'histoire de Félix. Je joins à mon récit une lettre de
M. Papin, notre curé. Je ne sais ce qu'elle contient;
mais je crains bien que le pauvre prêtre, qui a la tête
un peu étroite et le cœur assez mal tourné, ne vous
parle d'Olivier et de Félix d'après ses préventions. Je
vous conjure, madame, de vous en tenir aux faits sur
la vérité desquels vous pouvez compter, et à la bonté
de votre cœur, qui vous conseillera mieux que le premier casuiste de Sorbonne qui n'est pas M. Papin.»

*Lettre de M. Papin, Docteur en théologie et curé de
Sainte-Marie à Bourbonne.*

J'ignore, madame, ce que M. le subdélégué a pu vous
conter d'Olivier et de Félix, ni quel intérêt vous pouvez prendre à deux brigands, dont tous les pas dans ce
monde ont été trempés de sang. La Providence, qui a
châtié l'un, a laissé à l'autre quelques moments de
répit, dont je crains bien qu'il ne profite pas; mais que
la volonté de Dieu soit faite! Je sais qu'il y a des gens
ici (et je ne serais point étonné que M. le subdélégué
fût de ce nombre) qui parlent de ces deux hommes

bei andauernder Haft dem ganzen Groll der Familie Fourmont ausgeliefert. Er hätte ein schlimmes Ende gefunden,
wenn ihm nicht die Liebe beigestanden hätte; die Tochter des
Kerkermeisters entbrannte für ihn und verhalf ihm zur Flucht –
wenn es nicht wahr ist, so ist es jedenfalls die Überzeugung
der Leute. Er ist fortgegangen nach Preußen, wo er heute im
Garderegiment Dienst tut. Wie es heißt, ist er dort bei seinen
Kameraden beliebt und sogar dem König bekannt. Sein Sol-
datenname ist «der Traurige». Die Witwe Oliviers hat mir erzählt, daß er sie weiterhin unterstützt.

Das, Madame, ist alles, was ich über die Geschichte von Felix
in Erfahrung bringen konnte. Ich lege meiner Erzählung einen
Brief von Herrn Papin, unserem Pfarrer, bei. Ich weiß nicht,
was darin steht, aber ich fürchte sehr, daß der arme Priester,
der einen recht engen Verstand und ein ziemlich irregeleitetes
Herz hat, Ihnen von Olivier und Felix nach seinem Vorurteil
berichtet. Ich beschwöre Sie, Madame, sich an die Tatsachen,
auf deren Richtigkeit Sie sich verlassen können, und an Ihre
Herzensgüte zu halten, die Sie besser beraten wird als der beste
Kasuistiker der Sorbonne, der Herr Papin nicht ist.»

*Brief von Herrn Papin, Doktor der Theologie und Pfarrer
an Sankt Marien zu Bourbonne.*

Ich weiß weder, Madame, was der Herr Subdelegierte Ihnen
von Olivier und Felix erzählt haben mag, noch welches In-
teresse Sie an zwei Räubern haben mögen, deren Schritte in
dieser Welt allesamt mit Blut getränkt gewesen sind. Die Vor-
sehung, die den einen bestraft hat, hat dem anderen noch eine
kurze Frist gelassen, von der ich fürchte, daß er sie nicht nutzen wird – aber Gottes Wille geschehe! Ich weiß, daß es hier-
zulande Leute gibt (und es sollte mich nicht wundern, wenn
auch der Herr Subdelegierte zu ihnen zählte), die von diesen

comme de modèles d'une amitié rare; mais qu'est-ce, aux yeux de Dieu, que la plus sublime vertu, dénuée des sentiments de la piété, du respect dû à l'Église et à ses ministres, et de la soumission à la loi du souverain? Olivier est mort à la porte de sa maison, sans sacrements; quand je fus appelé auprès de Félix, chez les deux veuves, je n'en pus jamais tirer autre chose que le nom d'Olivier; aucun signe de religion, aucune marque de repentir. Je n'ai pas mémoire que celui-ci se soit présenté une fois au tribunal de la pénitence. La femme Olivier est une arrogante qui m'a manqué en plus d'une occasion; sous prétexte qu'elle sait lire et écrire, elle se croit en état d'élever ses enfants; et on ne les voit aux écoles de la paroisse, ni à mes instructions. Que madame juge, d'après cela, si des gens de cette espèce sont bien dignes de ses bontés! L'Évangile ne cesse de nous recommander la commisération pour les pauvres; mais on double le mérite de sa charité par un bon choix des misérables; et personne ne connaît mieux les vrais indigents que le pasteur commun des indigents et des riches. Si madame daignait m'honorer de sa confiance, je placerais peut-être les marques de sa bienfaisance d'une manière plus utile pour les malheureux, et plus méritoire pour elle.

Je suis avec respect, etc.

3.

Mme de *** remercia M. le subdélégué Aubert de ses intentions, et envoya ses aumônes à M. Papin, avec le billet qui suit:

zwei Männern sprechen als von Beispielen einer seltenen Freundschaft; aber was ist vor den Augen Gottes die höchste Tugend ohne fromme Gesinnungen, ohne die schuldige Achtung vor der Kirche und ihren Dienern und ohne die Unterwerfung unter das Gesetz des Fürsten? Olivier ist vor der Tür seines Hauses ohne die Sakramente gestorben; als man mich zu Felix bei den zwei Witwen rief, habe ich kein Wort aus ihm herausbekommen außer dem Namen Olivier – kein Zeichen der Andacht, keinen Ausdruck der Reue. Ich erinnere mich nicht, daß Felix sich auch nur einmal dem Gericht der Buße gestellt hätte. Oliviers Frau ist eine hochmütige Person, die es mehr als einmal mir gegenüber an Respekt hat fehlen lassen; mit der Begründung, daß sie lesen und schreiben kann, glaubt sie sich befähigt, ihre Kinder selber aufzuziehen; man sieht sie weder in den Schulen des Sprengels noch in meiner Christenlehre. Madame mögen danach ermessen, ob Leute dieses Schlages ihrer Wohltaten wirklich würdig sind! Unablässig empfiehlt uns das Evangelium Mitleid mit den Armen, aber man verdoppelt die Verdienstlichkeit seiner Nächstenliebe durch eine gute Wahl der Bedürftigen, und niemand kennt die wirklichen Notleidenden besser als der gemeinsame Hirte der Notleidenden und der Reichen. Wenn Madame die Güte hätten, mich mit ihrem Vertrauen zu ehren, so würde ich selber die Beweise ihrer Wohltätigkeit in einer für die Unglücklichen nützlicheren und für Madame selber verdienstlicheren Weise verteilen.

Ich verharre als Ihr ergebener usw....

3.

Madame von *** dankte dem Herrn Subdelegierten Aubert für seine gute Absicht und schickte ihre Almosen mit folgendem Schreiben an Herrn Papin:

«Je vous suis très-obligée, monsieur, de vos sages conseils. Je vous avoue que l'histoire de ces deux hommes m'avait touchée; et vous conviendrez que l'exemple d'une amitié aussi rare était bien faite pour séduire une âme honnête et sensible: mais vous m'avez éclairée, et j'ai conçu qu'il valait mieux porter ses secours à des vertus chrétiennes et malheureuses, qu'à des vertus naturelles et païennes. Je vous prie d'accepter la somme modique que je vous envoie, et de la distribuer d'après une charité mieux entendue que la mienne.

«J'ai l'honneur d'être, etc.»

On pense bien que la veuve Olivier et Félix n'eurent aucune part aux aumônes de Mme de ***. Félix mourut; et la pauvre femme aurait péri de misère avec ses enfants, si elle ne s'était réfugiée dans la forêt, chez son fils aîné, où elle travaille, malgré son grand âge, et subsiste comme elle peut à côté de ses enfants et de ses petits-enfants.

«Mein Herr, ich bin Ihnen für Ihre klugen Ratschläge sehr verbunden. Ich gestehe, daß die Geschichte dieser beiden Männer mich gerührt hatte, und Sie werden zugeben, daß der exemplarische Fall einer so seltenen Freundschaft ganz danach angetan war, eine ehrliche, empfindsame Seele zu beeindrukken. Aber Sie haben mich aufgeklärt, und ich habe erkannt, daß es besser ist, der christlichen in Not geratenen Tugend zu helfen, als der natürlichen, heidnischen Tugend. Ich bitte Sie, die bescheidene Summe entgegenzunehmen, die ich Ihnen übersende, und sie mit besser verstandener Mildtätigkeit, als es die meine wäre, zu verteilen.

Ich habe die Ehre zu sein usw....»

Man kann sich wohl vorstellen, daß weder die Witwe Oliviers noch Felix etwas von den Almosen von Madame *** bekamen. Felix starb bald darauf, und die arme Frau wäre mit ihren Kindern im Elend gestorben, wenn sie nicht im Walde bei ihrem ältesten Sohn Zuflucht gesucht hätte, wo sie trotz ihres hohen Alters noch arbeitet und sich so gut sie kann mit ihren Kindern und Enkeln durchschlägt.

Dieser nach dem Erscheinungsdatum letzte, nach dem Alter der Texte erste Band der zweisprachigen Sammlungen französischer Erzählungen ist wiederum das Ergebnis der Überlegung: Wie bringen wir auf dem beschränkten Raum eines solchen Bändchens möglichst viele und möglichst bezeichnende Texte der wichtigsten Autoren? Eine einfache Lösung wäre es gewesen, Abschnitte aus größeren Werken zu entnehmen, aber dergleichen ist zu oft und zu ungeschickt getan worden, als daß wir uns zu einem solchen Florilegium hätten entschließen mögen. So haben wir, eigentlich ohne großes Bedauern übrigens, auf viele Schriftsteller, die aus literarhistorischen Gründen einen Platz verdient hätten, verzichtet, um sieben Geschichten zusammenzustellen, an denen sich die Entwicklung des Zeitgeistes und der Art des Erzählens ablesen läßt. Dieses Verfahren bedingte allerdings zwei schmerzliche Lücken: von Rabelais und von Rousseau haben wir keinen abgeschlossenen Text gefunden, der kurz genug war und wirklich als «Erzählung» gelten konnte.

Den Beginn macht der unbekannte Verfasser am glänzenden burgundischen Hof von Dijon, der seine CENT NOUVELLES NOUVELLES mit der zeremoniellen Anrede *À mon tréschier et trèsredoubté Seigneur Monseigneur le Duc de Bourgoigne, de Brabant, etc.* dem Landesherrn widmet und ganz freimütig hinzusetzt, er habe diese hundert Geschichten nach dem Vorbild des *Decamerone* als Auftragsarbeit verfaßt und zum Schauplatz möglichst oft nicht Italien, sondern Frankreich, Deutschland, England, den Hennegau und Brabant gewählt. Sehr mit Recht nennt er seine Geschichten nacheinander *Nouvelles, Chapitres, Histoires oder («pour mieulx dire») Contes à Plaisance*. Die in unserer Sammlung abgedruckte fünfundsiebzigste gehört zu den eher lustigen als saftigen, die sonst deutlich überwiegen.

Dafür kommt das Lieblingsthema vom betrogenen Ehemann im nächsten Beitrag an die Reihe, der sechsten von den zweiundsiebzig Novellen des *Heptaméron* aus der Feder von MARGUERITE D'ANGOU-LÊME, der Gemahlin des Königs von Navarra – daher REINE DE NAVARRE – und Schwester von König Franz I. von Frankreich. Diese gebildete, als Mäzenin gerühmte Frau, der Pierre Le Maçon seine Übersetzung des *Decamerone* und der große Rabelais das Dritte Buch seines *Pantagruel* gewidmet haben, verleugnete ihr Vorbild Boccaccio noch weniger. Die Arbeit ging ihr flott von der Hand, wenn man einem Zeitgenossen glauben darf, der berichtet: «Sie

schrieb ihre Novellen meistens in der Sänfte, wenn sie über Land getragen wurde... Das hat mir meine Großmutter erzählt, die sie als Ehrendame stets begleitete und ihr das Schreibzeug hielt, mit dem sie ihre Novellen ebenso schnell oder gar noch schneller aufzeichnete, als hätte man sie ihr diktiert.»

PAUL SCARRON, der Sohn eines angesehenen Juristen, ist den meisten als Ehemann von Françoise d'Aubigné bekannt, die er in die literarischen Kreise einführte, und die nach seinem Tode erst die Kinder Ludwigs XIV. erzog und mit neunundvierzig Jahren, inzwischen zur Marquise de Maintenon erhoben, vom König geheiratet wurde. Es ist schade, daß Scarron nur durch die Berühmtheit seiner Witwe der Nachwelt ein Begriff ist. Sein *Roman Comique,* eine lockere Aneinanderreihung von Erlebnissen einer reisenden Schauspielertruppe, ist auch heute noch hübsch zu lesen; man spürt, daß der verarmte Schriftsteller eine ähnlich unstete Existenz geführt hat und aus Erfahrung berichtet. Unsere «Geschichte von den zwei eifersüchtigen Frauen» ist, unter diesem Titel, ein eigenes eingeschobenes Kapitel.

Mit MARIE-MADELEINE DE LA FAYETTE, der Tochter eines Mannes von geradezu beschämend kleinem Adel, die sich durch die Vernunftheirat mit dem reichen, zwanzig Jahre älteren Grafen von La Fayette gegen alle Unbill des Lebens abgesichert hat, kommt ein neuer Zug ins Erzählen der französischen Schriftsteller: jetzt wird nicht mehr drauflos fabuliert, jetzt sollen glaubhafte Menschen in Anteilnahme erregenden Konflikten gezeigt werden. *La Princesse de Clèves,* der meisterliche Kurzroman der Madame de La Fayette, hat ihre übrigen Werke von Anfang an so in den Schatten gestellt, daß eine Novelle wie *La Comtesse de Tende,* die wir hier aufgenommen haben, unseres Wissens bis heute noch nicht ins Deutsche übersetzt worden ist.

Ein freundliches Zwischenspiel in unserem Bändchen, nicht mehr, ist die kleine Geschichte des Theaterdichters PIERRE DE MARIVAUX, der mit seinen zierlich gesetzten, scharf zugespitzten Dialogen zum Begründer einer Manier, des «Marivaudage» geworden ist. Er war wie so viele auf die verlockenden Transaktionen des Engländers Law hereingefallen, hatte sein ganzes Vermögen eingebüßt und beschloß nun, durch eine von A bis Z selbstverfaßte Wochenzeitung wieder zu Geld zu kommen. Viel ist nicht daraus geworden, weil Marivaux kein Mann war, der sich an einen strengen Erscheinungsrhythmus

halten konnte, aber in der ersten Nummer findet man die anmutige Geschichte, mit der er sich seinen Lesern als den geborenen *Spectateur Français* (so hieß sein Blatt) vorstellt.

Die lehrhafte Lebensbeschreibung von «Jeannot und Colin», in der VOLTAIRE alias François-Marie Arouet mit dem ungebildeten, aber prätentiösen Adel, den käuflichen Schöngeistern und den Moralpredigern wie dem königlichen Zensor Moncrif (dessen naive *Essais sur la nécessité et sur les moyens de plaire* sogar im Text zitiert werden) ins Gericht geht und die schlichte Geradlinigkeit des fleißigen Handwerkers Colin preist, ist wie jeder seiner «Romane», jede seiner «Novellen» im Grunde eine philosophische Propagandaschrift. *Jeannot et Colin* ist 1764 erschienen, also bald nach dem *Candide*.

Ein eigenartiger Text ist *Les Deux Amis de Bourbonne* von DENIS DIDEROT, dem Begründer und hartnäckigen Fortführer der Enzyklopädie. Das 1770 geschriebene Manuskript hat er einer Freundin überlassen, die es dem literaturbeflissenen Baron Friedrich Melchior Grimm, den sie in ihrer Korrespondenz als «kleinen Bruder» anredete, als eigenes Werk schicken durfte. So taucht der «kleine Bruder» auch in der Erzählung auf, die – nach Diderots eigenem Briefwechsel mit Grimm zu schließen – abschnittweise entstanden ist. Offenbar hat sich der Autor nicht die Mühe gemacht, die Abschnitte noch einmal aufeinander abzustimmen: wenn im Anfang von *maman* die Rede ist und später von *Madame de* ***, so bleibt es dem Leser überlassen, ob er die beiden für eine Person oder *Madame de* *** für eine Dritte, etwa eine Freundin halten will. Dieser kleine Schönheitsfehler nimmt der oft zitierten Geschichte allerdings nichts von ihrer Spannung und von ihrem Reiz, ihrem «philosophischen» Reiz, wie die Zeitgenossen gesagt hätten.

ufm

*Französisch-deutsche Bände in der Reihe dtv zweisprachig
(Stand Frühjahr 1982)*

Charles Baudelaire: Zwanzig Gedichte in Prosa. 9083

Albert Camus: Die Stummen. Der Gast. Erzählungen. 9105

André Malraux: Krieg und Brüderlichkeit. 9184

Guy de Maupassant: Ausgewählte Novellen. 9016

Blaise Pascal: Logik des Herzens. Pensées. 9169

Antoine de Saint-Exupéry: Die Wüste. Die Kameraden. Zwei
Erlebnisberichte aus «Terre des Hommes». 9103

Georges Simenon: Maigret und der brummige Inspektor. Krimi-
nalnovelle. 9014

Stendhal: Rosa und Grün. Romanfragment. 9126

Émile Zola: Wie man heiratet und wie man stirbt. Soziale Repor-
tagen. 9090

Moderne französische Erzählungen. Hugo, Mérimée, Flaubert,
Daudet, Zola, France, Maupassant, Proust, Colette, Giraudoux.
9034

Zeitgenössische französische Erzählungen. Dorgelès, Maurois,
Giono, Cocteau, Supervielle, Arland, Cesbron, Fougère. 9038

Surrealistisches Lesebuch. Aragon, Breton, Desnos, Eluard,
Leiris, Péret, Queneau, Soupault. 9172

Französische Gedichte von Villon bis Brassens. 9182.

Französische Reden von Mirabeau bis de Gaulle. 9167

Französische Sprichwörter. Illustriert. 9161

Französische Witze. 9060